ライブ！ 音楽指導クリニック ②

評価が手軽にできる音楽科授業プラン

城　佳世　編著
八木正一　監修

G 学事出版

デジタル教材（パワーポイント教材）の使い方

★以下のサイトで、本書のデジタル教材を閲覧または
ダウンロードできます。
　https://www.daigakutosho-dokusha.com/live-ongakuclinic/2/

◆電子黒板
パワーポイントが使えるパソコンに、教材をダウンロードしてご使用
ください。

◆パワーポイントが使えるタブレット（Windows、Chrome 等）
教材を配布（共有）してご使用ください。

◆パワーポイントが使えないタブレット（iPad 等）
①パワーポイントが使えるパソコンに教材をダウンロードします。
②パソコンを使って、デジタル教材（パワーポイント教材）を、PDF
　または JPEG ファイル交換形式で保存します。アニメーション機能
　を使用する場合は、MPEG-4 ビデオ形式で保存します。
③ファイルを配布（共有）してご使用ください。

※教材の文字・イラスト・写真は、必要に応じて差し替えてください
※デジタル教材の著作権は、各著者にあります。二次配布等はしないでください。

監修のことば

聖徳大学　八木正一

　音楽指導クリニックシリーズが生まれかわります。その名前も『ライブ！音楽指導クリニック』。ハイブリッドな書籍で、専用のウエブサイトからダウンロードできるデジタル教材満載のシリーズです。紙面で授業の概要をつかみ、あとはダウンロードした教材を教室で映して授業を進めるだけ。教材のプリントの作業も不要です。もちろん、操作は簡単、誰でも OK です。

　本書は本シリーズの 2 巻目として刊行されました。授業と評価は深くかかわっています。でも、どうも評価は苦手と思っておられる先生も多いようです。そのような先生にもピッタリの一冊です。評価の基本的な考え方はもちろん、具体的な授業プランに即して、評価の方法を学ぶことができます。「何だ、そのようにすればよいのか」と目から鱗です。すぐ使えるさまざまな授業プランに出会えるのもうれしい一冊です。

　本シリーズの 1 巻目は『スキマ時間を活用した音楽科授業プラン』です。誰も発想しなかった「スキマ時間でできる音楽授業」のプランが満載です。スキマ時

間でもこんなに深い授業ができるのかと驚かれること
でしょう。すぐできて深く学べる音楽の授業を提案し
ています。同時に、授業づくりの考え方やコツがわか
るように編まれているのも特徴です。

　3巻目は『学校行事で使える音楽活動のアイデア』
です。学校では、じつに多くの時間、さまざまな場所
で音楽を使った活動が行われています。こうした活動
を豊かに組織し音楽の授業とリンクすることで、子ど
もたちの音楽的な力は飛躍的に成長します。こうした
発想で編まれた書籍は初めてです。子どもたちの楽し
そうな顔が目に浮かんでくるアイデアが満載されてい
ます。

　授業の主役はもちろん子どもたち。主役の子どもた
ちが楽しめる授業をつくることは、じつは教師の一番
の楽しみなのです。本シリーズが子ども、教師双方を
楽しくするものであることを確信しています。

はじめに

　近年、学校をとりまく環境は、大きく様変わりしました。パソコン、電子黒板、タブレットなど、一昔前までは、想像もつかなかったような機器が、あたりまえに使われるようになりました。本書には、電子黒板やタブレットパソコンなどで、すぐに使えるデジタル教材を満載しています。これを紹介することが本書の目的のひとつです。

　本書の目的は、もうひとつあります。それは、子どもたちにとってわかる授業、楽しい授業を紹介することです。本書は、デジタル教材を使わなくても授業ができるように構成しています。

　わかる授業、楽しい授業はどのようにしてつくられるのでしょうか。本を読んだり、インターネットで指導方法を検索したり、研修会に参加したりして、新しいネタを仕入れる方も多いと思います。

　今、本書を手にしている方が、まさにそうでしょう。しかし、さらに大切なのは、ネタを仕入れたあとに、子どもの実態に合わせアレンジすることです。これにより、よりよい授業が生まれます。その授業を共有し、さらにアレンジを加えることで、もっともっとよい授業が生まれます。わかる授業、楽しい授業は教育実践の積み重ねです。

　本書の実践事例も、八木正一編著「音楽指導クリニックシリーズ」（学事出版）及び、これまでに見たり、聴いたりした授業に、新たな知見を加え執筆しています。音楽の授業づくりに少しでも役立つことを願っています。

2021年4月

編著者　城　佳世

ライブ！音楽指導クリニック ②

評価が手軽にできる音楽科授業プラン

第 1 章

学習指導要領と音楽科の評価

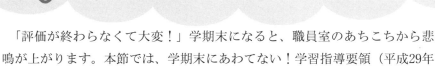

第1節 学期末にあわてない！評価のポイント

「評価が終わらなくて大変！」学期末になると、職員室のあちこちから悲鳴が上がります。本節では、学期末にあわてない！学習指導要領（平成29年告示）の評価のポイントを説明します。

1　評価ってなあに？

　評価には、学習指導に生かす評価と、記録に残す評価があります。「評価が終わらなくて大変！」というときの「評価」は、通知表や指導要録に記録する観点別評価や評定のことでしょう。現行の指導要録には、観点別評価はABCで、評定は１２３４５などの数字で記入することになっています。また、小学校低学年は観点別評価のみ、小学校中学年及び高学年は観点別評価と３段階の評定、中学校は観点別評価と５段階の評定を記入することが定められています。

2　観点別評価について

　観点別評価の観点には、次の３つがあります。

○知識・技能
○思考・判断・表現
○主体的に学習に取り組む態度

　これを音楽科の領域別に整理したものが次の図です。音楽科の領域には、表現と鑑賞があります。さらに、表現のなかには、歌唱・器楽・音楽づくり（創作）の３つの領域があります。鑑賞領域に技能の項目はありません。

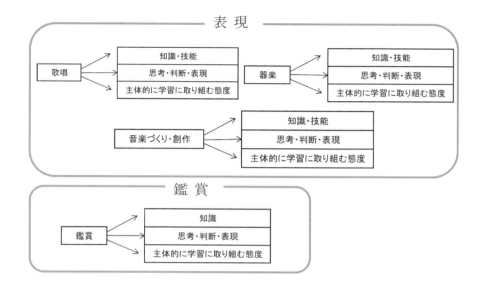

　音楽の授業では、教科書に掲載された楽曲をすべて学習する必要はありません。表現（歌唱・器楽・音楽づくり）・鑑賞のそれぞれの領域をまんべんなく学習すればよいのです。子どもの実態に合わせて、教科書以外の曲を教材とすることも OK です。これらの評価は領域ごとに行い、学期末や学年末に合算します。

 ## 3　評価規準の設定

　観点別評価を行う際には、「知識・技能」「思考・判断・表現」「主体的に学習に取り組む態度」の 3 つの観点について、それぞれ ABC をつけます。ABC 評価のよりどころとなるのが評価規準です。通知表や指導要録では、評価規準に到達しているかどうか判断し、ABC を記入します。ABC の区別は、文部科学省によって次のように定められています。

　A：「十分満足できる」状況と判断されるもの
　B：「おおむね満足できる」状況と判断されるもの
　C：「努力を要する」状況と判断されるもの

音楽科の評価が難しいといわれる理由の一つに、評価規準の設定があります。一般に、国語や算数などの教科は、観点別評価がラクにできるようにつくられた業者のテストが存在します。しかし、音楽は、実技や作品を見取るという特質があるため、業者テストで判断することができません。また、学校によって、学級によって子どもたちの実態も異なります。そのため、教師が自分自身で評価規準を設定し、評価をすることになります。これが大きな負担となっているのが現状です。

　だからといって、頭をかかえる必要はありません。教科書の教材の評価規準は、教師用指導書を参考につくりましょう。ラクに評価規準を設定することができます。ポイントは次の2点です。

　①子どもの実態と合っているかどうかを判断する
　②実態に合わせて学習内容を変更する

　例えば、教師用指導書の「思考」の評価規準に、次のような表記があるとします。

> **思考**
> 　曲想と楽器の音色や響きなどの特徴との関わりについて気付いている。

　子どもの実態と合っていれば、このままでも構いません。合わないときには、次のように内容を減らします。

> **思考**
> 　曲想と楽器の音色などの特徴との関わりについて気付いている。

　子どもの実態によっては、学習内容を増やしても構いません。実態に合わせて、評価規準を設定することが、教師にとっても子どもたちにとっても、無理のない学習をすることにつながります。

　実際の授業において、どの場面で何を見取るのかについては、第2章以降の事例を参考にしてください。

4　評価の実際

　学期の評価、すなわち、通知表に記入する観点別評価は、各学期に行った題材すべてを合算して算出します。1学期間に、題材①、題材②、題材③の3つの題材を扱った場合は、次のようになります。

| 題 材 ① の 評 価 | + | 題 材 ② の 評 価 | + | 題 材 ③ の 評 価 | = | 1 学 期 の 評 価 |

　これを観点別に示したものが、次の図です。

| 題 材 ①
知 識・技 能 | + | 題 材 ②
知 識・技 能 | + | 題 材 ③
知 識・技 能 | = | 1 学 期
知 識・技 能 |

※鑑賞は知識のみ

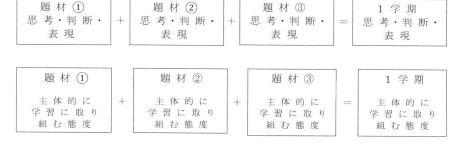

| 題 材 ①
思 考・判 断・
表 現 | + | 題 材 ②
思 考・判 断・
表 現 | + | 題 材 ③
思 考・判 断・
表 現 | = | 1 学 期
思 考・判 断・
表 現 |

| 題 材 ①
主 体 的 に
学 習 に 取 り
組 む 態 度 | + | 題 材 ②
主 体 的 に
学 習 に 取 り
組 む 態 度 | + | 題 材 ③
主 体 的 に
学 習 に 取 り
組 む 態 度 | = | 1 学 期
主 体 的 に
学 習 に 取 り
組 む 態 度 |

　各題材のおわりに、観点別評価を行っておけば、学期末にあわてなくてすみますね。

　なお、指導要録の観点別評価は、各学期の評価を合算します。例えば、知識・技能の観点別評価は次のように算出します。

| 1 学 期
知 識・技 能 | + | 2 学 期
知 識・技 能 | + | 3 学 期
知 識・技 能 | = | 指 導 要 録
知 識・技 能 |

　「思考・判断・表現」「主体的に学習に取り組む態度」についても、同様に各学期の観点別評価を合算し、算出します。

　指導要録に記入する評定は、学年の観点別評価にもとづいて判断します。「AAAだったら5」「AABだったら4」のように、基準を決めている学校もあるようです。確認してみましょう。

評価のよりどころにした評価規準は、記録に残しておくことが大切です。子どもや保護者からの成績の問い合わせに対して、きちんと説明することができるからです。近年、通知表などの評定に関して、子どもも保護者も神経質になっていることが少なくありません。保護者の中には、音楽を得意とする方もいらっしゃいます。評価の理由をきちんと説明できることは、保護者からの信頼アップにもつながります。

5　指導と評価の一体化

　授業の中で、「あれ？　子どもたちが違うリズムで歌っているな。次の授業のときには、リズム練習を入れよう。」などと思ったことはありませんか？また、「思ったよりも強弱が理解できているみたい。もうちょっと難しいことをしても大丈夫かな。」と考えたことがありませんか？これが、よく耳にする指導と評価の一体化です。

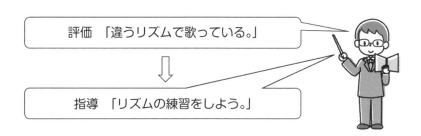

「指導と評価の一体化」とは、評価したことを次の指導に生かす、ということを意味しています。「なあんだ。だったら、自分もやってるよ。」と思われる方も多いのではないでしょうか。

　「指導と評価の一体化」は、「PDCA サイクル」という言葉で説明されることもあります。PDCA サイクルは、次のように図で表すことができます。Check（振り返る）が評価にあたります。

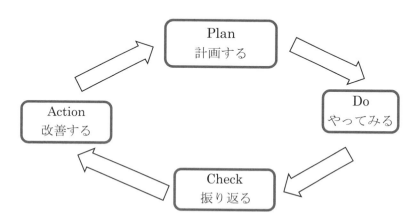

　「違うリズムで歌っている」ことに気がついたら、「リズム練習をする」につなげることが大切です。これが、Action（改善）にあたります。そんなに難しいことではありませんね。多くの方は、１単位時間の授業だけでなく、題材や、学期、学年でも年単位で PDCA サイクルを上手に考えて計画を立てていると思います。「１学期には、リコーダーがあまり上手に吹けなかったから、２学期は常時活動でリコーダーの練習を取り入れよう！」これは、学期の評価を生かした PDCA サイクルです。

　指導と評価の一体化は、個の指導においても有効です。例えば、「○○くんは、リコーダーの運指を覚えていないから、運指表を準備しよう。」などがそうです。観点別評価でＣをつけたままにするのではなく、改善する方策を考えることが、子どもの力をつけることにつながります。

第2節 知識・技能の評価

　音楽の知識とはなんでしょうか。音符や休符などの名前を覚えたり、楽譜をスラスラ読んだりする力のことでしょうか。そうではありません。教材とされる音楽作品が、どのような要素によってつくられているか、それぞれの要素がどのような働きをもっているか、どのように組み合わせられているか、などの理解です。

　音楽作品はさまざまな要素で成り立っています。小学校の学習指導要領を例に考えてみましょう。学習指導要領（平成29年告示）の〔共通事項〕には、音楽を形づくっている要素として、次の内容が示されています。

> ア　音楽を特徴付けている要素
> 　　音色、リズム、速度、旋律、強弱、音の重なり、
> 　　和音の響き、音階、調、拍、フレーズなど
> イ　音楽の仕組み
> 　　反復、呼びかけとこたえ、変化、
> 　　音楽の縦と横との関係など

　音楽作品はこれらの要素を組み合わせることによってつくられています。知識は、音楽の要素や仕組みを理解しているかどうかを見取って評価します。学習指導要領の〔共通事項〕では、「知識」に関わる資質・能力が次のように示されています。

> 　音楽を形づくっている要素及びそれらに関わる身近な音符、休符、記号や用語について、音楽における働きと関わらせて理解すること。

　ここで、音楽を形づくっている要素を、料理に例えて考えてみましょう。

音楽の要素は料理の材料のことをさします。カレーで言うと、ニンジンやジャガイモ、タマネギ、肉などにあたります。知識とは、ニンジンやジャガイモ、タマネギ、肉などの特徴の理解です。「メークイン（ジャガイモの種類）は崩れにくい。」「鶏の胸肉は淡泊な味。」「タマネギは十分に炒めた方が甘くなる。」などの知識があれば、カレーを美味しく作ることができますね。単に、形を見て、「これはニンジン、これはジャガイモ……」と知っているだけでは、何の役にもたちません。音楽を形づくっている要素とその働きを理解することで、音楽を豊かに表現したり、鑑賞したりすることができるようになるのです。

　知識は、ワークシートやペーパーテストから見取って評価するとよいでしょう。ワークシートやペーパーテストの見取りのポイントは、「音楽を形づくっている要素」と「その働き」を、話したり書いたりすることができるかどうかです。

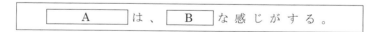

　上記では、Aに「音楽を形づくっている要素」が入ります。テストをする際には、下記のような問いをつくるとよいでしょう。

| 鉄 琴 の 音 色 | は 、 | B | な 感 じ が す る 。 |

| 「 タ ッ カ 」 の リ ズ ム | は 、 | B | な 感 じ が す る 。 |

Bに入る解答は一つではありません。「鉄琴の音色はきらきらした感じがする。」でも「鉄琴の音色は静かな感じがする。」でもOKです。では、これはどうでしょう?「鉄琴の音色は、ぴょんぴょんはねるような感じがする。」違和感がありますね。これは、「音色」と「はねる」が、かみあっていないからです。「タッカのリズムはぴょんぴょんはねる感じがする。」には違和感がありません。知識の評価では、AとBがかみあっているかどうかをチェックします。

　次に、技能の評価について説明します。音楽の技能とは、うたを歌ったり、リコーダーを吹いたり、音楽づくりをしたりする力です。ただ単に、楽器を演奏するのではなく、強弱をつけて演奏したり、フレーズを感じて演奏したりする力も含まれます。音楽づくりや創作でつくった作品や、その作品の演奏も技能として評価します。

　歌唱や器楽の技能は、主に実技テストで評価します。実技テストの評価は、次のようにいくつかの要素に分けて、項目別に評価をすると、見取りが楽になります。

氏　名	発声	強弱	音程
○○○○	A	B	B

　また、実技テストをするときには、必ずしも「テスト」と形式ばる必要はありません。「発表会」と称して、個人で、またグループで発表をさせるとよいでしょう。他学年、担任以外の教師、保護者や地域の方などを招待すれば、子どもたちのやる気もアップします。授業参観、学習発表会、地域の方々との交流会などの場を活用してもよいですね。発表の場面を録画しておけば、後で評価をすることもできます。

　また、低学年の子どもには、100円ショップなどで売られているおもちゃのマイクを使うのも効果的です。カラオケ大会と称して、マイクをひとりずつ回して歌えばばっちりです。

　リアルタイムで評価することが難しい場合には、演奏を録音しておき、後から評価をしてもよいでしょう。録音は、ヘッドフォン一体型マイク、いわ

ゆるヘッドセットを使うと簡単です。ヘッドセットは、外国語活動の授業で使われていることもあるようです。タブレットやパソコンに接続すれば、複数人が同時に歌っても、個別に録音をすることができます。

　音楽づくりでは、獲得した知識が生かされているかを見取ります。子どもたちの作品は、必ずしも楽譜という形で残す必要はありません。タブレットパソコンなどに録音・録画したものを評価してもよいでしょう。

第**3**節 思考・判断・表現の評価

　思考・判断・表現は、表現領域と鑑賞領域で少し違いがあります。表現領域では、「思いや意図」をもって「音楽表現を工夫しているか。」「音楽づくりをしているか。」などを評価します。「思い」とは、子どもたちが音楽作品を通して伝えたいメッセージやイメージのことです。「星がきらきらした様子をあらわしたい。」「感謝の気持ちを込めて歌いたい。」などが「思い」です。「意図」は「思い」を伝えるためのしかけです。「高い響く声で歌ってみよう。」「言葉をはっきり歌ったらいいかな？」などが意図にあたります。

　表現領域の評価は、子ども自身が思いや意図をもって、歌ったり、楽器を演奏したり、音楽をつくったりしているかを見取ります。あたりまえですが、子どもがもっている「思いや意図」は、頭の中にあるだけでは伝わりません。実際には、子どもたちの発表、ワークシートの記述、グループ内での発言などから見取ることになります。

20

また、音楽の授業では思いや意図を、言葉として表すだけでなく、「音」として表現することも必要となります。思いや意図を「音」として表そうとする場面では、子どもたちが、音を出しながら試行錯誤するという過程が生まれます。これが音楽表現を工夫している場面です。

　音楽表現の工夫について、カレーを例に考えてみましょう。「小さな子どもが食べられる甘口のカレーを作ろう。」これが「思い」だとします。「甘くするために、はちみつを入れよう。」これが「意図」です。では、実際に調理をする場面を想像してみましょう。カレーにはどのくらいはちみつを入れたらいいのでしょう？具材とはちみつがマッチしているか、はちみつがルーとなじんでいるかなど、カレー全体の味つけを確かめながら、少しずつ入れますね。そして、「甘さが少し足りないな。もう少し、はちみつを入れてみよう。」「すりおろしリンゴを入れたほうがいいかな。」など、さまざまに工夫しながら、カレーをつくります。このときの「味見をしながら、試行錯誤する。」という行為が「音楽表現の工夫」にあたります。

　音楽表現の工夫の見取りのポイントは、子どもの演奏が授業の前と後でどのように変化しているかです。

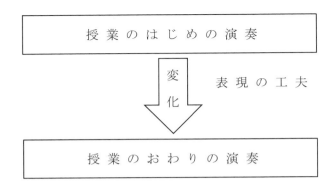

授業のはじめの演奏

変化　　表現の工夫

授業のおわりの演奏

　変化を見取るためには、はじめの演奏や作品を残しておくことが大切です。はじめの演奏を録音したり、録画したりしてとっておきましょう。併せて、工夫した点を発表させたり、ノートやワークシートに書かせたりするとよいでしょう。

　なお、表現領域における思考・判断・表現の評価は、技能の評価とは区別することが大切です。完成したカレーが美味しいかどうかではなく、思いや意図をもっていたか、メッセージやイメージを伝えるために工夫をしていたかなど、その過程を評価しましょう。

　次に鑑賞領域です。鑑賞領域では、ある音楽作品を聴いて、よさやおもしろさ、好きなところ、嫌いなところ、などを見い出すことができるか、また、その理由を話したり、書いたりすることができるか、を評価します。ここでも、カレーを例に考えましょう。食レポをイメージしてください。「このカレーは子ども向けだな。ふむふむ。この甘さは、はちみつだね。はちみつがスパイスとマッチして絶妙な味をかもしだしている。」知識を活用し、このように評価ができればOKです。食レポをするために必要なのが、知識だということがわかりますね。

この曲は、はじめ・なか・おわりの三つの部分でできているね。おわりの部分がかっこいいのはなぜだろう？

知識を活用

そうだ！きっと速さが、だんだん速くなっているからだね。

　鑑賞領域の思考・判断・表現はワークシートやペーパーテストの記述から見取ります。その際に大切なのは、曲全体を聴かせることです。カレーそのものを味わって、ジャガイモ、ニンジン、肉、はちみつなどの材料がカレーの中でどのような役割を果たしているか、どのようにマッチしているかなどを考えさせるのと同じです。授業の終わりに紹介文や批評文などを書かせて、見取るとよいでしょう。以下のような記述がポイントとなります。

| この曲は | ① | の感じがします。 |

理由は　②　が　③　だからです。

　①②③に正しい答えはありません。子どもによって音楽の感じ方は違うからです。評価をするときには、①②③が、書けているかどうか、また、かみ合っているかどうかをチェックします。

第4節 主体的に学習に取り組む態度の評価

「主体的に学習に取り組む態度」は、学習の内容に対して、興味をもっているか、進んで学習をしようとしているか、友だちや教師との対話を通して考えを深めているか、を見取ります。ポイントは、「学習の内容に対して」というところです。

　AさんとBさんをくらべてみましょう。二人とも、「もっと学習したい。」という気持ちは同じです。イラストを見てください。Aさんは、リズムの変化に興味をもっていることがわかります。しかし、Bさんは女の子の絵に興味をもっています。学習の内容とは関係ありませんね。つまり、主体的に学習に取り組んでいるのはAさんということになります。子どもの興味がどこにあるのか、進んで学習をしようとしているのは何か、を見取ることが大切です。

　主体的に学習に取り組む態度の見取りは、およそ次の3つの場面に分けられます。

○子どもの発言（発表・話し合い）

○子どもの様子（表情・行動）

○ノートやワークシートの記述

　子どもの発言から見取る場合は、「リズムを工夫してみたい。」「はねるように演奏したら、もっとかっこよくなるんじゃないかな？」のように、アイデアを積極的に出しているか、また、よりいいものをつくろうとしているか、をチェックします。教師や友だちの話をよく聞いて、いいところを取り入れようとしているか、もポイントです。先ほど述べたように、子どもの発言が学習内容に結びついているかどうかを見取ることが大切です。単に「発表の回数が多ければいい」というわけではないことに留意しましょう。

> Aさんのリズムは、かっこいいな。
> ぼくも、Aさんの考えを取り入れてみよう。

　授業の様子からも見取る場合も、「一生懸命歌おうとしている。」「リコーダーの練習をがんばっている。」だけでは不十分です。「強弱を工夫して歌おうとしている。」「音色に気をつけてリコーダーを練習している。」など、学習内容を意識しているかどうかを見取りましょう。鑑賞では、「内容に関連するメモをとりながら音楽を聴いているか。」「音楽に合わせて身体を動かしながら聴いているか。」などの様子からも見取ることができます。

　ノートやワークシートの記述も、「おもしろかった。」「楽しかった。」だけでなく、何がおもしろかったのか、何に興味をもったのか、についての具体的な記述を見取ります。「今日の授業でおもしろかったところはどこですか。」と問いかけてもよいでしょう。次のような振り返りカードを作っておくこともおすすめです。めあての達成に向けて、取り組んでいたかどうかが一目でわかるからです。

		めあて	がんばり度	感想
月　日（　　）			5　4　3　2　1	
月　日（　　）			5　4　3　2　1	
月　日（　　）			5　4　3　2　1	

　毎回、授業の終わりに記入させるように習慣づけると、見取りがラクになります。振り返りカードは他の教科の授業でも活用することができますね。

　なお、子どもたちの発表や話し合い、行動や表情から見取った評価は、記録簿にささっと書いておくとよいでしょう。

　「主体的に学習に取り組む態度」の評価は、知識・技能や、思考・判断・表現に比べると、難しいと言われることがあります。これは、実技やペーパーテストから見取ることができないからです。また、「がんばっているのに、なぜ A ではないのか？」と子どもや保護者からたずねられることも多いようです。これは、積極的に取り組んでいるように見えない子どもでも、自分では「意欲的にがんばった」と思っていること、また、保護者も同じように思っていることがあるからです。そのため、発表の回数や忘れ物、ノート提出など、数値化できるものだけを使って、評価しているという話を耳にすることがあります。しかし、「主体的に学習に取り組む態度」の評価のポイントは、あくまでも、学習の内容に対して興味をもっているか、めあてに向かって活動しているか、です。子どもや保護者にも、きちんと説明できるようにしておきたいものです。振り返りカード、ワークシートの記述、授業中の発言などのメモなどは、学年末まで残しておきましょう。

　最後に、「主体的に学習に取り組む態度」の評価にあたって、教師が肝に銘じておかなければならないことがあります。それは、学級の多くの子どもに C をつけなければならなくなった場合です。この場合、原因が教師の力不足であることも少なくありません。授業を振り返ってみることが大切です。

　子どもたちにとって、今まで解けなかった問題が解けるようになること、今まで知らなかったことを知ること、「わかる」ということは楽しいことです。子どもたちは、わかる授業には主体的に取り組みます。「あれもやってみた

い。」「これもやってみたい。」と目をかがやかせるはずです。しかし、わからない授業は苦痛でしかありません。大人でも、わからない話を長時間聞かされるのは、まさに拷問です。多くの子どもが「わからなかった。」「やりたくなかった。」という場合、また、とんちんかんに興味が向いている場合は、改善方法を考えましょう。子どもたちにとって、授業が難しすぎたのではないか、実態と合っていたかを再考することが大切です。同じ学習内容であっても、クイズやゲームを取り入れたり、教材の見せ方を工夫したりするだけで、子どもたちの興味は格段に増します。学級全員の子どもたちから、「主体的に学習に取り組む態度」を引き出せるといいですね。

第2章

評価ができる
歌唱の授業のネタ

歌唱×小学校低学年・中学年向き

1　うたの世界からイメージをひろげる

　低学年の子どもは想像の世界で遊ぶことが大好きです。「ままごと」「お店屋さんごっこ」「ヒーローごっこ」などが人気の遊びであることは、知ってのとおりです。子どもは、お母さん、店員さん、絵本やアニメなどの登場人物のまねをするだけでなく、自分なりにイメージをふくらませて遊びます。うたも同じです。いろいろな場面を想像して歌うことは、子どもたちにとって楽しい活動です。

　イメージをふくらませて歌うには、歌詞と情景とを結びつける力が必要です。例えば『こいのぼり』（近藤宮子作詞・作曲者不明）を歌うときに、5月の青空に泳ぐこいのぼりをイメージしたり、まごいやひごいを想像したりできる、ということです。機会をみつけて、行事のうたや季節のうたを歌っておくことをおすすめします。梅雨の時期に『かたつむり』（文部省唱歌）を歌ったり、七夕に合わせて『たなばたさま』（権藤はなよ作詞・下総皖一作曲）を歌ったりするとよいでしょう。「五色（ごしき）のたんざくって色のことだったんだね。確かに、いろんな色があるね。」など、うたを通して、子どもたちの世界を広げることができます。朝の会や帰りの会の時間を使って、春に『ちょうちょう』（作詞者不明・スペイン民謡）や『チューリップ』（近藤宮子作詞・井上武士作曲）、秋に『まつぼっくり』（広田孝夫作詞・小林つや江作曲）『どんぐりころころ』（青木存義作詞・梁田貞作曲）などを歌いましょう。

　生きものを題材とするうたも、子どもたちに人気があります。『山の音楽家』（水田詩仙作詞・ドイツ民謡）では、「こりす」「うさぎ」「ことり」「た

ぬき」になりきって歌うことができます。「キュキュキュ」「ポコポンポンポン」などの擬音では、楽器のイメージをふくらませることもできます。絵本を見せたり、身体表現を取り入れたりしてもいいですね。『虫の声』（文部省唱歌）では、「すずむし」や「まつむし」の鳴き声を表現します。「すずむし」や「まつむし」の動画を見せてもよいでしょう。

　また、子どもは、ストーリー性があるうたも好みます。『犬のおまわりさん』（佐藤義美作詞・大中恩作曲）『あめふりくまのこ』（鶴見正夫作詞・湯山昭作曲）など、紙芝居風にストーリーを紹介すると、楽しく歌えます。

 ## 2　こぎつねのようすにぴったりの歌い方を　みつけよう

　ここでは、『こぎつね』（勝承夫作詞・ドイツ民謡）を教材に、強弱を工夫する授業を紹介します。歌詞に合わせて絵を描いて、情景をイメージさせます。

(1) 導入

　「この曲には、ある動物が出てきます。なんの動物が出てくるでしょう。後で答えをたずねるので静かに聴いてね。」と話して、『こぎつね』のCDを流します。教師が歌ってもよいでしょう。

子どもたちが「こぎつね！」と答えたら、「教科書の何ページにあるかさがしましょう。」と声をかけてから、歌わせましょう。CD を何回か繰り返して流します。そして、「覚えた人は先生の顔を見て歌ってね。」と言います。顔を見ながら、「○○くんは、もう覚えたの？すごいね。」と子どもの名前を挙げてほめると、早く覚えます。

（2）めあてを確認する

（3）思いをもつ

お絵かきをしながらうたを歌います。ダウンロード資料のスライドにあるこぎつねのラフ画を印刷して配りましょう。教師は、歌いながら子どもと一緒に絵を描きます。1番は子どもと一緒に絵を描きます。2番、3番は子どもたちだけに描かせます。電子黒板を使うと、スライドに直接描き込むことができます。

「こぎつねこんこん　やまのなか」と歌いながら、「山？どんな山かな。木がいっぱいある山かな。大きな山かなあ。小さな山かなあ。」と言いながら山を描き入れます。次に、「くさのみ　つぶして　おけしょうしたり」と歌いながら、「どんな風にお化粧してるかな。口紅をぬってるのかな。あ、近くに草の実があるんだね。どんな草の実かな」と言いながら、お化粧したこぎつねの顔、草の実などを描き入れます。「こぎつね、どんな顔してるかな？笑ってるかな？」と声をかけ、表情にも着目させます。「もみじのかんざしつげのくし〜」の部分では、「もみじのはっぱってどんなはっぱかな？」「かんざしって髪飾りのことだよ。もみじの髪飾りもつけてね。」と言いながら、1番の絵を完成させます。

　2番、3番は子どもたちに絵を描かせます。1番と同じように歌いながら描かせましょう。3番まで終わったら、こぎつねの顔を描き入れます。子どもたちは、2番は悲しい顔や、残念な顔、3番は困った顔、怒った顔などを描くでしょう。子どもが描いたイラストを、実物投影機、またデジタルカメラで撮影し、電子黒板などに映して、全員に紹介してもいいですね。自分で絵を描くという手だてを仕組むことで、子どもたちは、1番、2番、3番の様子を具体的にイメージすることができます。また、「思い」を明確にすることもできます。ここが**思考・判断・表現のポイント**の一つになります。

こぎつねのかおを みてみよう。

① 1ばんのこぎつねは どんなかお？
② 2ばんのこぎつねは どんなかお？
③ 3ばんのこぎつねは どんなかお？

わらった かお？
ないた かお？
おこった かお？

（4）表現を工夫して歌う　その1

　「1番にぴったりの声の大きさはどれかな？」と問いかけ、1番を大きな声、ふつうの声、小さな声で歌わせます。たいていの子どもは「大きな声がぴったり！」と言うでしょう。

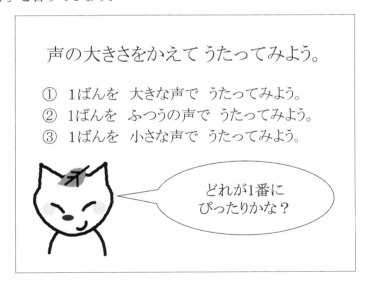

声の大きさをかえて うたってみよう。

① 1ばんを 大きな声で うたってみよう。
② 1ばんを ふつうの声で うたってみよう。
③ 1ばんを 小さな声で うたってみよう。

どれが1番に
ぴったりかな？

　ここで、子どもの発言を知識として整理します。「大きな声で歌うと楽しい感じがするね。」のように、まとめることが大切です。ノートに書かせて

もいいですね。2番、3番も同じように、子どもの発言を整理しながら歌わせます。ここが、**知識の評価のポイント**となります。

（5）表現を工夫して歌う　その2

その2では、これまでに学習で学んできた知識を生かして、さらなる表現の工夫をします。速度を変化させたり、跳ねて歌ったり、声を変えたりしてみましょう。ここも**思考・判断・表現の評価のポイント**です。1番、2番、3番の絵を紙芝居のように見せながら、発表させてもよいでしょう。**技能の評価**ができます。表現を工夫して歌っているかを見取りましょう。

この事例は、「強弱の工夫」を学習の中心としています。子どもの実態に合わせて、「速度」「音色」などを主な学習内容に設定することもできます。

第2節 つられず歌える！やさしいハーモニー

歌唱×小学校中学年・高学年向き

1 子どもが歌いたくなる雰囲気づくり

　幼児期、小学校の低学年の時期に歌うことが大好きだった子どもが、「友だちに下手だと言われた。」「声がきたないと言われた。」など、周りとの人間関係でうたが嫌いになることがあります。また、学級の中の人間関係がうまくいかず、「目立つことをするといじめられる。」という理由から、「みんなの前で声を出して歌いたくない。」と言い出したという話を耳にすることもあります。このような傾向は、小学校中学年から出てきます。ギャングエイジともいわれるこの年代の子どもたちは、気の合う仲間をみつけ、グループをつくろうとするようになります。その過程で、「他人と違う」ことに敏感に反応してしまうのです。

　逆に考えてみます。みんながあたりまえに、歌う学級ではどうでしょうか。そうです。歌わない方が目立ってしまいます。「歌うことがあたりまえ。」という環境づくりが大切だということがわかります。その第一歩は、子ども同士、教師と子どもなど、学級の中で信頼関係をつくることです。「友だちのいいところをみつける。」などの活動、「友だちの発言を笑わない。」などの約束は、歌う環境をつくることにつながります。また、教師が自分の声で一緒に楽しく歌うことも大切です。仏頂面で、CD のスイッチをポンっでは、子どもの意欲はなくなってしまいます。下手でも構いません。教師が楽しそうに歌っている表情を見ているだけで、子どもは歌いたくなるはずです。

　みんなと声を合わせて歌うことが楽しくなれば、「もっと上手に歌いたい。」「もっといい声で歌いたい。」と子どもたち自身の欲求も高まってきます。「いい声で歌っている友だちは誰かな？」と声をかけ、まねをさせるといい

ですね。声を出して歌うことが楽しめるようになったら、合唱をしてみましょう。二部合唱や三部合唱では、友だちの声と合わせ、重なり合う音の響きを楽しむことができます。合唱は、コミュニケーションが苦手な子どもでも、友だちと関わる楽しさを味わうことができます。

2　『旅立ちの日に』を上手に聴かせるポイント

　二部合唱や三部合唱のとき、耳をふさいで歌っている子どもの姿をみかけることがあります。友だちの声を聴きながら、つられずに歌うのは、なかなか難しいことのようです。ここでは『大きなうた』（中島光一作詞・作曲）を教材に、やさしくハーモニーを味わわせるテクニックを紹介します。卒業式の定番『旅立ちの日に』（小嶋登作詞・坂本浩美作曲）の「この広い」の部分を取り出しても、同じように授業をすることができます。簡単に厚みのある合唱ができますよ。

（1）導入

　授業のはじめに『森のくまさん』（馬場祥弘作詞・アメリカ民謡）を歌います。教師と子どもで追いかけっこをしたり、子どもを二つのグループに分けて追いかけっこをしたりしましょう。歌い終わったら、「『森のくまさん』と同じようにまねっこして歌ううたにはどんな曲があるかな？」とたずねます。『こぶたぬきつねこ』（山本直純作詞・作曲）、『やまびこごっこ』（おうち・やすゆき作詞・若月明人作曲）、『アイアイ』（相田裕美作詞・宇野誠一郎作曲）

などの声が挙がるでしょう。「どんな歌だったっけ？　みんな知ってる？　一緒に歌ってみようか。」などと声をかけ、一緒に歌ってみましょう。ここでは、教師が「どんなうただった？」とたずねることがポイントです。子どもは、歌いながら教えてくれます。子どもが思わず歌ってしまう場面を仕組むことは、「歌うことが当たり前」という学級の雰囲気づくりにつながります。

（2）『大きなうた』を覚えよう

　歌う雰囲気ができたら、「今日は『大きなうた』を歌います。」と声をかけ、CDなどを聴かせましょう。教師が歌ってもいいですね。そんなに長い歌ではありませんから、あっという間に覚えるでしょう。おいかけっこをしながら、覚えさせても構いません。

（3）『大きなうた』の特徴に気づく

　「先生が今から、2種類の『大きなうた』を歌います。どこがちがうでしょう？」とたずね、下に示した2種類の楽譜で『大きなうた』の1番を歌います。①の楽譜では、「おおきな」の「な」、「うただよ」の「よ」を長く伸ばします。②の楽譜は、短く切ります。子どもたちに意識をさせなければ、つい②の楽譜のように歌ってしまうようです。

①

②

（4）『大きなうた』の楽譜を確認する

　「どっちの歌い方が正解でしょう？」とたずねてから、楽譜を確認させます。正解は①ですね。

38

❍は全音符という読み方の音符であること、4拍分の長さを伸ばすことを確認します。**これが知識の評価のポイント**となります。楽譜に「ー」を書き込ませるとよいでしょう。

　確認できたら、みんな一緒に斉唱で歌わせます。最初から追いかけっこはしません。音の長さだけでなく、声の大きさも4拍分の長さをキープして歌う練習をさせることが大切です。教師が一緒に歌ったり、オルガンや鍵盤ハーモニカなどで音を取ったりするとよいでしょう。ピアノで音を取ることはあまりおすすめしません。なぜなら、ピアノは、鍵盤を押した瞬間には大きな音が出るのですが、その後、だんだん小さくなっていくからです。ピアノの音だけで、音を取ると、長さが短くなってしまったり、音量がだんだん小さくなってしまったりすることがあります。

（5）『大きなうた』を歌い合わせよう

　楽譜をもとに、『大きなうた』を歌い合わせます。音が重なっている部分を意識して歌わせましょう。以下のように合わせるとよいでしょう。

　　○教師がアを歌う。子どもがイを歌う。

　　○子どもがアを歌う。教師がイを歌う。

　　○クラスを半分に分けて歌う。

　歌えるようになったら、（3）②の短いバージョンとで歌いかたをくらべてみましょう。歌ったら、「短いバージョンと長いバージョンのどっちが好き？」と問いかけます。理由もたずねます。「音が重なると気持ちがいい。」「友だちの声が聴こえておもしろい。」などの気づきができるといいですね。ここも、**知識の評価のポイント**です。

（6）歌い方を工夫して歌う

　これまでに学んだ知識を生かして、さらなる表現の工夫をします。『大き
なうた』は7番まであります。（教科書や楽譜によっては、すべて掲載され
ていない場合もあります。）歌詞に合わせて、速さや強弱、音色などを工夫
しながら歌いましょう。**思考・判断・表現を見取るポイント**になります。

　最後に、技能を見取るポイントを紹介します。合唱の実技テストでは、他
のパートにつられずに歌えるか、他のパートとリズムをそろえて歌えるか、
表現を工夫して歌えるか、などを見取ります。2人組で歌わせてもよいので
すが、相手によって評価が変わってしまうのでは困ります。そんなときは、
CDで他のパートの音を流し、それに合わせて一人ずつ歌わせるのも一つの
方法です。全員、同じ条件で実技テストをすることができます。

第3節 山田耕筰の歌曲のひみつ

歌唱×小学校高学年・中学校向き

 ## 1 山田耕作と山田耕筰

　『この道』『待ちぼうけ』は、詩人である北原白秋と作曲家である山田耕筰のコンビによってつくられた歌曲です。コンビ結成のきっかけは、山田耕筰が北原白秋の詩に感動して曲をつけたことです。「君と僕とは夫婦のようなものだ。」と言うほど、二人は意気投合し、300以上の楽曲を世に送り出しました。

　『この道』の3番の歌詞「お母さまと馬車で行つたよ」は、北原白秋の詩を山田耕筰が変えたものです。当初、北原白秋は「母さんと馬車で行つたよ」としていました。歌詞を書きかえても OK なぐらい、二人は信頼しあっていたのです。

　ところで、山田耕筰、もとの名前は山田耕作でした。ぱっと見て何が違うの？と思われる方もいらっしゃるでしょう。違いは「筰」と「作」の漢字です。なぜ竹かんむりをつけたのか、ヒントは山田耕筰の写真です。頭に注目しましょう。「ケ（毛）」がありませんね。山田耕筰は作曲家であると同時に指揮者でもありました。指揮をしているときの後頭部を、友人に「猿のケツにフンドシを掛けたようだ」と指摘され、髪の毛を丸坊主にしたのです。そして、カツラの代わりに、名前に「ケ」を二つ、すなわち「ケケ」をつけました。1930（昭和5）年、44歳のときのことです。『待ちぼうけ』は、1924（大正13）年に発表された曲ですから、作者は山田耕作だということになりますね。

2 詩と音楽の結びつきを生かして歌う教材

　山田耕筰は、詩の語感をとても大切にしていた作曲家です。ここで紹介するのは、詩の語感を歌唱表現の工夫に生かす授業です。本事例は、山田潤次さんによる「山田耕筰の歌曲」(『音楽指導クリニック5』学事出版、1993年)を参考に構想しました。

(1) 導入

　「これは『この道』という歌の1番の歌詞です。山田耕筰という有名な作曲家が、北原白秋という、これまた有名な詩人の詩に曲をつけました。曲を聴きながら正解を考えましょう。」と話をして、CDをかけます。「いつか来た道」の部分だけボリュームを落とすのがポイントです。リモコンを使うとよいでしょう。タブレットパソコンでもOKです。

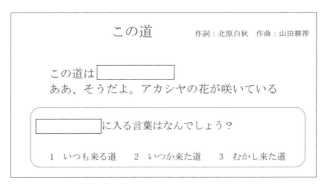

この道　　　　　作詞：北原白秋　作曲：山田耕筰

この道は [　　　　　　　]
ああ、そうだよ。アカシヤの花が咲いている

[　　　　　　　] に入る言葉はなんでしょう？

1　いつも来る道　　2　いつか来た道　　3　むかし来た道

(2) 1から3の歌詞をあてはめて歌ってみましょう

1　楽譜にあてはめて歌ってみましょう。

この道は [　　　　　　　]
ああ、そうだよ。アカシヤの花が咲いている

1　いつも来る道　　2　いつか来た道　　3　むかし来た道

うーん。どの歌詞でもよさそうな気がしますね。

（3）3番の歌詞から考えよう

次のヒントを与えましょう。（1）と同じく「いつか来た道」の部分のボリュームを落として、3番を聴かせます。

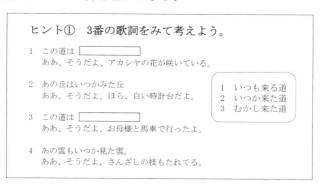

ヒント①　3番の歌詞をみて考えよう。

1　この道は ☐☐☐☐☐☐
　　ああ、そうだよ、アカシヤの花が咲いている。

2　あの丘はいつかみた丘
　　ああ、そうだよ、ほら、白い時計台だよ。

　　　　　　　1　いつも来る道
　　　　　　　2　いつか来た道
　　　　　　　3　むかし来た道

3　この道は ☐☐☐☐☐☐
　　ああ、そうだよ、お母様と馬車で行ったよ。

4　あの雲もいつか見た雲。
　　ああ、そうだよ、さんざしの枝もたれてる。

「いつか来た道」と「むかし来た道」なら、「お母さまと行ったよと過去形で話してもおかしくありませんが、「いつも来る道」に「行ったよ」は不自然です。子どもたちからも同じ意見が出るでしょう。

（4）詩と音楽の結びつきから考えよう

次のヒントを与えます。「作曲者の山田耕筰は、日本語の高低アクセントを大事に考えました。言葉の高低アクセントとメロディのアクセントをなるべく一致させようとしたのです。たとえば、『こんにちは』は『こんにちは』と尻上がりに言い、『こんにちは』と尻下がりには言いません。メロディを言葉の高低に合わせてつくったのです。『いつか』と『むかし』の高低アクセントを確かめてみましょう。」正解が2であることがわかります。ここが**知識を評価するポイント**となります。

この詩は札幌の町が舞台です。大人になって札幌を訪れ、幼いころの風景を思い出している様子が歌われています。全曲を聴かせましょう。

（5）『待ちぼうけ』を歌ってみよう

「これからもう一つ山田耕筰のうたを紹介します。この曲は1番から5番まで一つのお話になっています。どんなお話だったかをまとめましょう。」と問いかけて、全曲を聴かせます。ストーリーを確認したら、一緒に歌ってみましょう。

> ## 待ちぼうけ
>
> 1　畑を耕していたらうさぎが出てきて、木の切り株につまずいて
> 　　転んだ。
>
> 2　これを見て、お百姓は働かなくても、寝て待っていたら、
> 　　また食べられると考えた。
>
> 3　仕事をせずに、ひなたぼっこしながら待ち続けた。
>
> 4　毎日毎日待ち続けた。
>
> 5　畑はとうとう荒れ放題になった。

（6）山田耕筰の工夫に気づく

　「山田耕筰は楽譜を何度も書き直して出版しました。これが最後に書いた
『待ちぼうけ』です。普通の楽譜と違うところはどこでしょう？」と問いか
けましょう。

　子どもたちは、音符がつながっていないこと、句読点がついていること、
に気づきます。そこで、その理由を考えさせます。「一つひとつの言葉をは
っきりさせるため。」「言葉の意味が伝わるようにするため。」などの答えが
出るといいですね。ここも**知識を評価するポイント**になります。

　次に、教科書の歌詞に、句読点をつけさせます。

(7) 歌い方の工夫を考える

（6）の気づきを生かした歌い方を考えさせます。「北原白秋と山田耕筰は、どのように歌ってほしいのでしょうか？」と問いかけましょう。教科書の楽譜に書き込ませます。「軽く跳ねるように歌う。」「句読点で区切りの言葉にアクセントをつける。」「強弱をつけて歌う。」などの意見が出てくるといいですね。ワークシートを作成して書き込ませてもよいでしょう。ここが、**思考・判断・表現の評価のポイント**です。大切なのは、実際に、歌って試してみることです。どのような歌い方がぴったりなのかを考えさせましょう。

（8）意見を交流して歌う

　意見を交流しましょう。「いいな」「おもしろいな」と思った歌い方をみんなで試しながら歌ってみましょう。

　この事例は、中学校の歌唱共通教材『赤とんぼ』の学習につなげることもできます。『赤とんぼ』の「あか」のアクセント、現在とは異なっていますね。これは、当時の江戸弁のアクセントでつくられたとされています。

　なお、句読点がついている楽譜は、『山田耕筰全集』（第一法規出版、1964年）に掲載されています。『待ちぼうけ』以外の曲にも句読点がついています。興味がある方は図書館などで調べてみてください。

第3章

評価ができる
器楽の授業のネタ

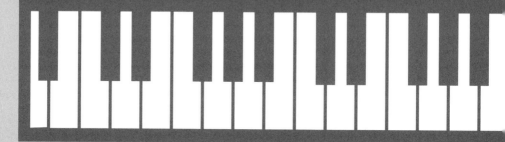

第**1**節　楽しく合奏 動物のマーチ

器楽×小学校低学年・中学年向き

1　なんてつたって楽器は楽しい！

　子どもは楽器が大好きです。音楽室にある木琴、鉄琴、カスタネット、トライアングル、タンブリンなどの定番の楽器はもちろん、マラカス、タバサなどのラテン楽器、大太鼓、小太鼓などは、子どもたちが奪い合うように触りたがります。ピアノを前にすると、とにかく一本指でもなんでも弾こうとします。乳幼児のおもちゃにも、音が出るものがたくさんありますね。

　楽器のおもしろさの一つに、「音色をつくる」ということがあります。カスタネットの打ち方ひとつをとっても、一本指で打つのと二本指で打つのは、音色が違います。また、広げた手のひらの上で打つのと、ぎゅっと握った手の中で打つのも、音の響きが違います。そもそも楽器に正しい奏法は存在するのでしょうか。例えば、アメリカのヘンリー・カウエルという人は、ピアノの内部に手をつっこんで、弦を直接はじいたり、こすったり、ひっかいたりして演奏する曲をつくっています。一般に正しい奏法として紹介されている楽器の奏法は、よい響きが出る奏法や曲に合った奏法が示されているにすぎないことがわかりますね。子どもと一緒に、ぜひ新しい音を見つけましょう。

　楽器を触らせる前に、大切なことは、楽器をていねいに扱う指導をすることです。子どもは、楽器の奏法を教師に教えてもらう前であっても、とにかく触って音を出そうとします。さまざまに音を出してみる活動は、子どもの主体性を促すことにつながります。「ていねいに扱う。」ことを子どもと約束するなど、ルールをきちんと決めておくことが大切です。

2 ○○のマーチであそぼう

『こいぬのマーチ』を教材とする授業を紹介します。『こいぬのマーチ』(久野静夫作詞・外国曲)は、『みつばちマーチ』のタイトルでも知られています。この授業では、グループごとに『コアラのマーチ』『ぞうのマーチ』などのタイトルを決め、イメージにぴったり合う楽器を見つけて演奏します。事前にカスタネット、すず、タンブリンなどの楽器を用意しておきましょう。カゴなどに楽器を入れて準備しておくと配布が楽になります。

(1) 導入

「クラスみんなで心を一つに合わせて手を叩きましょう。『よーおっ』と言ったら、『ぱんっ』っと1回だけ手を叩いてね。やってみましょう。」と声をかけます。実はこれ、簡単に見えますが、クラス全員で、タイミングをばっちり合わせるのは意外に難しいものです。十中八九はそろいません。「ああ……。残念。少しだけ、ずれちゃったね。もう1回やるよ。」と声をかけて、再度チャレンジします。子どもたちは、教師の声、友だちの動きなどに集中し、なんとか音を合わせようとします。手を打つタイミングがバッチリ合うと、子どもたちは大喜び。まずは、「タイミングが合う。」という感覚を体験させましょう。

(2) まねっこ遊びでリズム打ち

タイミングを合わせて、手を打つことができるようになったら、リズムのまねっこ遊びをします。リズムを打つ練習です。教師は「先生のまねをしてね。」と声をかけ、4拍子の拍の流れにのって手を打ちます。即興的にリズムを考えるとよいでしょう。「タン」や「ウン」は必ず声に出しましょう。4拍目は休符にして、「ハイ」とかけ声を入れます。

教　　　師：タン　タン　タン「ハイ」
子どもたち：タン　タン　タン「ハイ」
教　　　師：タン　ウン　タン「ハイ」
子どもたち：タン　ウン　タン「ハイ」

このときのポイントは、ウン（休符）のときに、拍をきちんとカウントす

ることです。子どもたちの意識は、ついつい音を出すことに向いてしまいがちです。拍にのって演奏するには、休符をきちんとカウントすることが大切です。「タン」を合わせる以上に、「ウン」を合わせることを意識しましょう。

タン   ウン

(3) 手でリズム打ち

できるようになったら、ちょっと長いリズムにチャレンジします。

タン　ウン　タン　ウン　　　タン　タン　タン　ウン

　ここでも、教師の手拍子を子どもたちにまねさせます。「タン」や「ウン」を声にすることを忘れずに。まねができるようになったら、『こいぬのマーチ』の音源に合わせて手を打ちます。このとき、教師は、おおげさな身振りで、「タン ウン タン ウン　タン タン タン ウン」を言いながら、子どもと一緒に手を打つことがポイントです。子どもたちは、視覚的にもリズムを確認できるからです。何回か繰り返すと、子どもはすぐにできるようになります。この「タン ウン タン ウン　タン タン タン」が『こいぬのマーチ』のリズム伴奏です。リズムに合わせて手を打てるかが、**技能の評価のポイント**となります。

(4) 楽器でリズム打ち

　ここでようやく楽器の登場です。楽器のカゴを各グループに配布します。基本的な楽器の演奏方法については、教師が見本を見せるとよいでしょう。インターネット上の動画サイトには、楽器の演奏方法がたくさんアップロードされています。事前に見ておくことをおすすめします。

　次に、CDなどの音源に合わせ、（3）のリズムで楽器を演奏します。楽

器は一人一つを持ちます。楽器の数が足りない場合は、手拍子を打つなどの工夫をします。ただ待っているだけの子どもがいないように配慮しましょう。楽器でリズム打ちができるかどうかも、**技能の評価**のポイントです。

（5）動物にぴったりの楽器をみつけて演奏

「この曲は『こいぬのマーチ』（『みつばちマーチ』）という曲です。マーチってなんだかわかるかな。行進するときの音楽をマーチといいます。」と説明します。ダウンロード資料のスライドを見せるとよいでしょう。

次に、「こいぬがマーチするのに、ぴったりの楽器は何かな？」とたずねてみましょう。「カスタネットかな？鈴かな？」と声をかけ、（3）のリズムを演奏しながら全員で考えます。

「カスタネット！」などの子どもの答えに対して、「どうして？」と理由をたずねましょう。「カスタネットの音は、跳ねて行進しているように聴こえる。」などの答えが出るといいですね。なお、正しい答えはありません。

（6）○○のマーチ

　グループごとに○○に入る動物の名前と楽器を考えさせます。また、なぜその楽器を選んだのか、理由を考えさせます。ワークシートなどに書かせてもよいですね。楽器は1種類でも、いくつかを組み合わせても構いません。実際に楽器を鳴らしながら、考えさせましょう。このような活動を繰り返すことで、子どもはイメージと音色を結びつけて考えることができるようになります。ここが思考・判断・表現を見取るポイントです。

（7）グループ発表

　最後に、グループで発表させます。発表する前に、動物の名前と楽器名、その楽器を選んだ理由を紹介させることを忘れずに！

第**2**節 ベートーヴェンの名曲を リコーダーで

器楽×小学校中学年・高学年向き

 1　どうして合奏はおもしろい？

　合奏は子どもが大好きな活動です。なぜなら、合唱とちがって、他のパートにつられることなく簡単に和音の響きを楽しむことができるからです。リコーダーや鍵盤ハーモニカなどの楽器は、正しい運指で指を動かせば、ほぼ正しい音高で演奏をすることができます。合奏を通して、和音の響きを実感させることは、合唱の響きをつくることにもつながります。

　かっこいい合奏をするためのポイントは、リズムを合わせることです。リズムを合わせるというのは、拍や拍子の流れにのって演奏するということです。拍はラテン語でモーラと言います。モーラについて、『大辞林』には「等間隔のリズムをとらえる単位」（三省堂、2019年）と書かれています。たとえば、心拍という言葉があります。心臓は、ドクンドクンと等間隔で動きますね。基本的に五線譜で表すことのできる音楽は、等間隔の拍の流れの上に成り立っています。そのため、拍がずれると演奏がバラバラになってしまいます。日ごろから、音楽に合わせて歩いたり、手拍子をしたりする活動をしておくとよいでしょう。メトロノームを活用するのもよい方法です。今は、スマートフォンにも無料のメトロノームアプリがたくさんあります。バイブレーションにしてポケットにしのばせておけば、一定の速さで、教師が手拍子をしたり、指揮をしたりすることができますね。

　また、合奏のときには、いつも以上に、ルールを徹底させるということが大事です。子どもの本能にまかせて、好き勝手に音を出させると、教師の声は子どもたちの楽器の音にかき消されてしまいます。授業が成立しなくなってしまうのです。「先生や友だちが話をしているときには楽器を触らない。」

「楽器を触る時間を守る。」など、事前に約束を決めておきましょう。「ピアノのドミソの和音が3回聴こえたら、活動をやめる。」などのミュージックサインを決めてもよいですね。また、「しーっ。」と人差し指を口にあて、黙って前に立つことも効果的です。教師の様子に、最初に気づいた子どもが隣の子どもに伝える、隣の子どもが隣の隣の子どもに伝える、という連鎖が起こり、静かになります。子どもたちよりも大きな声を出して、静かにさせようとするのは、逆効果です。

2　タンギングで楽しむ『歓喜の歌』

　ベートーヴェンの交響曲第九番『歓喜の歌』を教材とするリコーダーの授業です。音を短く切ったり、つなげたりして、曲想に合う表現を見つけます。レガート、スタカート、テヌートなどの表現の技法は、アーティキュレーションと呼ばれます。ここでは、市販のキーボードにプリインストールされているリズム伴奏に合わせてリコーダーを演奏します。タブレットパソコンのリズムボックスアプリなどを活用することもできます。伴奏にぴったりのアーティキュレーションを見つけましょう。

(1) 導入

　ベートーヴェンの「交響曲第九番から『歓喜の歌』」の原曲CDを流します。一番有名なフレーズだけで構いません。そして、「この曲を聴いたことある人は手を挙げてください。」と声をかけます。多くの子どもたちが手を挙げるでしょう。『歓喜の歌』は、年の瀬になるとあちこちで耳にしますね。CMで聴いたことがある子どももいるかもしれません。ここで、YOASOBIが歌ったサントリーのCM、Hot Pepper BeautyのCM、→Pia-no-jaC←のアレンジ版などを聴かせると、子どもたちはより興味をもつでしょう。そして、「この曲をつくったのはベートーヴェンです。ベートーヴェンは、ジャジャジャジャーンで有名な『運命』などもつくった人です。今日は、この『歓喜の歌』をリコーダーで練習します。」と話をします。音楽室の肖像画などを確認してもいいでしょう。そして、「ベートーヴェンが作った曲は、ちょっと難しいんだけど、やってみる？」と声をかけます。「ちょっと難しいんだ

けど」というのがコツです。「簡単だから、誰でもすぐできます。」と言われるよりも、「ちょっと難しいけど」と言われた方が、やる気が出ます。

（2）運指の練習

リコーダーの練習をします。「ソラシドレ」の音だけで演奏できるので簡単です。階名で歌ったり、教師がリコーダーを演奏して手本を見せたりするとよいでしょう。

（3）さまざまなタンギングの練習

ノンレガート、スタカート、レガートの3種類の奏法でリコーダーを吹きます。教師が手本を見せ、子どもにイメージをもたせてから、まねをさせましょう。

①ノンレガート奏法

「トゥートゥー」とタンギングします。あまりタンギングをしすぎると、音がボツボツ切れてしまう感じになりますので、それぞれの音符いっぱいに

音を伸ばすように吹きます。最初は、「トゥートゥー」と声を出しながら歌ってみましょう。次に、子音だけで歌ってみます。その後にリコーダーを口にくわえます。なお、タンギングには「Du」「Ru」などもあります。タンギングの違いで音色を変えることもできますが、最初は「トゥ」で練習した方がわかりやすいようです。

②スタカート奏法

　記号「・」はスタカートといいます。音を短く切って演奏します。スタカートでは「トゥッ」とタンギングします。「ト」は普通のタンギングと同じように発音します。「ッ」の時には、歯と歯茎の境目あたりに舌をつけます。こうすると歯切れのよいスタカート奏法ができます。ノンレガートのときと同じように、最初は声を出して、次は子音で、最後にリコーダーを口にくわえて演奏しましょう。

③レガート奏法

　上の楽譜のように ⌒ （スラー）がついているときは、スラーがついている最初の音だけタンギングし、あとは息を伸ばしたまま指だけ動かして、続きの音を出します。可能であれば、スラーのついている最後の音は、スタカートの「ッ」のように演奏します。

（4）どのように感じが違うかを話し合う

　①②③の三つの奏法について、それぞれどんな感じがするかを確認します。ワークシートに書かせてもよいでしょう。ここが、**知識の評価のポイント**です。「スタカートは元気な感じがする。」「レガートはやさしい感じがする。」などの答えが出てくるといいですね。感じたことを隣の席の友だちと交流し

ます。

（5）表現の工夫をする

キーボードのリズムパターンに合う表現の工夫をします。最初に、キーボードの「8ビート」を子どもたちに聴かせます。「このリズムに合う演奏を先生はこんなふうに考えました。」と言って、ダウンロード資料のスライドの楽譜を見せます。そして、実際に演奏してみせます。簡単なので、チャレンジしてみてください。

次に、「みなさんもグループでやってみましょう。」と声をかけます。事前に何も書かれていない楽譜を準備して、スタカートやスラーなどを記入させるとよいでしょう。ここが**思考・判断・表現のポイント**です。

8ビートがうまくいったら、スウィングやサンバなどのリズムパターンを選ばせ、ぴったり合う表現を考えさせるとよいでしょう。キーボードのリズムパターンには3拍子など、曲に合わないものもあります。事前に三つ程度に絞っておくとよいでしょう。

（6）グループで発表する

グループごとに発表します。グループで考えた楽譜を実物投影機で映したり、タブレットパソコンで共有したりすると、より深い学びができます。グループごとの発表は**技能の評価のポイント**にもなります。

第**3**節 ぼくたち、私たちの合奏づくり

器楽×小学校高学年・中学校向き

1 音楽表現の幅を広げ、合わせることを学ぶ（器楽）合奏

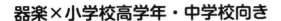

　小中学校の器楽の活動では、さまざまな楽器や音にふれあう多様性を学ぶ学習と、一つひとつの楽器の演奏表現を深めるという学習が系統的に行われます。中でも、子どもたちが大好きなのが合奏です。「今日から、合奏をするよ！」の一言で子どもたちの目はかがやきます。友だちと音程やリズムを合わせて演奏したり、一緒に強弱やバランスを工夫したりしてつくりあげるダイナミックな演奏は、子どもたちの心にいつまでも残ります。合奏体験には多くの音楽的、そして教育的な学びが含まれているといえるでしょう。

　一方、合奏の授業では個が見えづらくなってしまうのもまた事実です。評価を行う際には、教師が一人ひとりの頑張りと成長を細やかに見取る視点をもちましょう。合奏の授業では一人ひとりの役割を意識させることが大切です。役割を意識することで子どもたち自身も成長が実感できます。

2 自分たちの『威風堂々』を合奏しよう！

（1）エルガー作曲『威風堂々』第１番について

　本事例では、イギリスの作曲家エドワード・エルガー（1857～1934）が作曲した『威風堂々』の第１番を取り上げます。テレビ番組やCMでもおなじみです。『威風堂々』は全部で６曲（６番は未完）ありますが、一番有名で、聴く機会が多いのは第１番です。

　『威風堂々』の第１番の構成は、短い序奏（イントロダクション）を伴っ

た急緩急の三部形式です。今回合奏するのは中間部です。小学校で合奏するのは、たいていこの部分です。

　なお、インターネット上には、エルガー自身が指揮をしている音源や映像が残っています。"Elgar Conducting"などで検索してみましょう。作曲家がどのようなイメージをもって演奏していたのかを知ることができます。

（2）授業プラン

①導入

この曲、きいたことがあるかな？

どんな場面できいたのでしょう

- 卒業式
- テレビ番組
- コンサート会場

　最初に、『威風堂々』の第１番の中間部を聴かせます。そして、どんな場面で聴いたのかを想起させます。「テレビ番組」や「CM」などの声が多いかもしれませんね。子どもたちが興味をもったら、『威風堂々』の合奏をすることを話します。続いて、どのような曲なのかについても説明します。

威風堂々（いふうどうどう）

・エルガー作曲（イギリスの作曲家）
・「威風堂々」は行進曲で、６番まであるよ。
・みんなが合奏するのは「第１番」です。
・みんなが演奏する部分は「希望と栄光の国」と呼ばれ、イギリスでは第２の国歌と言われている。
・ロンドンで開催される夏の音楽祭プロムスでは必ず最後に演奏される。

②無駄なパートはひとつもないという実感をもたせる

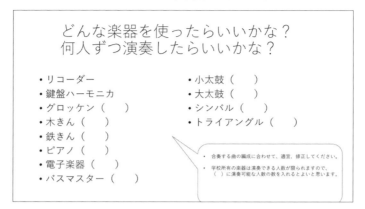

次に、合奏に使う楽器や、どのパートをどの楽器が演奏するかを子どもたちに決めさせます。「自分たちの合奏をつくる！」という意識が高まります。最初に楽譜を配りましょう（節末の参考資料）。楽譜のパート名は消しておきます。そして、合奏の音源を聴かせ、それぞれのパートでどんな楽器を使ったらいいのか、何人ずつぐらいで演奏したらいいのかを考えさせます。（本事例の音源は、ダウンロードできます。）それぞれのパートの音をピアノなどで演奏してもいいでしょう。「主旋律は、音がはっきりした鍵盤ハーモニカがいい。」「リコーダーは音が小さいから人数を多くする。」などの発言が出てくるといいですね。もちろん、学校にある楽器の数には限りがあります。それも併せて子どもたちに考えさせましょう。図のようなワークシートを使うこと

で、主体的に学習に取り組む態度や思考・判断を評価することができます。

③全体を考えて自分やパートの目標を決める

　曲の編成が決まったら、楽器を決めて練習に入ります。練習の前に、自己評価表を書かせましょう。目標をもって練習することができます。楽器を出す前に書かせることを習慣づけるとよいでしょう。また、授業の終わりにも、本時の達成度や次回への課題を必ず書くように指示します。自己評価やグループの評価は、次回のめあての設定につながります。評価表の記述からは、主体的に学習に取り組む態度を見取ることができます。

曲のタイトル	1 組 名前　○○　○○		
いふうどうどう（エルガー作曲）			
自分のめあてを達成して、すてきな合奏をつくろう			
日にち	今日のめあて（自分が今日できるようになること）	達成度（○をする）	課題（次回できるようにするべきこと）
○月○日	ぜんぶつがふけるようになる。リコーダーパートで合わせてふけるようになる	😊😐😣	高い音もきれいにふけるようになる。音をもっとつなげられるようになる。他のリコーダーの人たちともっと合わせられるようになる。
○月▲日	1カッコまでをみんなと息を合わせられるようになること	😊😐😣	リコーダーや鉄きんともっと合わせる。ばんそうを聴いて、ぜんぶをふけるようになる。
○月×日	最初から通せるようになる。	😊😐😣	みんなで考えた曲そうをパートで練習する。強弱に気をつけて演奏する。
月日		😊😐😣	
月日		😊😐😣	

曲のタイトル	組 名前	
パートのめあてを達成して、すてきなが合奏をつくろう		
日にち	今日のめあて	次回のめあて
月日		
月日		
月日		
月日		
月日		

④全員が曲全体を見渡せるように　～合奏は自分だけじゃない！

　全体の合奏では、技術的な指摘だけではなく「今はどの楽器がメロディ？」や、「○○はどの楽器と一緒に演奏している？」など、音楽を形づくっている要素に関わることをどんどん質問します。そして、気づいたことを楽譜に直接書き込ませましょう。演奏した音はすぐに消えてしまいます。また、録音・録画していても、全部を聴き返すことはなかなかできません。しかし、楽譜に書き込んでおけば、何度でも見直すことができます。日ごろから、楽

譜に書き込む習慣をつけておくとよいですね。書き込んだ楽譜からは、子どもたちの考えを見取ることができます。ここで**思考・判断**や、**知識**を評価します。

曲全体を見渡せるような「曲の全体図」を作成して音楽室に貼るのもおすすめです。曲全体を把握できます。

曲の全体図

> この編曲には打楽器のパートがないので、原曲なども聴きながら、曲そうに合う打楽器を子ども達に考えさせましょう。

セクション（小節）	1～16小せつ 1カッコ	1～21小せつ 2カッコ	22～29小せつ		
メロディ担当	リコーダー 鉄きん	鍵盤ハーモニカ	リコーダー・鉄きん・鍵盤ハーモニカ		
伴奏担当	ピアノ・電子楽器	木きん・電子楽器	ピアノ・木きん・電子楽器		
リズム担当	小太鼓	小太鼓・大太鼓	小太鼓・大太鼓・トライアングル・シンバル		
強弱	メゾフォルテ	メゾフォルテからクレッシェンド	フォルテ		
その他					

　合奏は、他の活動よりも長い時間がかかります。細やかな目標をその都度設定し、「○○くん、よく気がついたね。」や、「パート全体がよく聞き合ってそろっているね」といった前向きな言葉かけが、「みんなでステキな演奏にしよう」という気持ちを高めることにつながります。

威風堂々

エドワード・エルガー 作曲
後藤恭也・瀧川淳 編曲

64

第4章

評価ができる
音楽づくりの授業のネタ

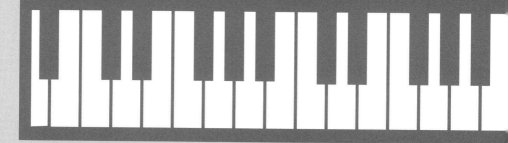

第1節 3音でできる 簡単！音楽づくり

音楽づくり×小学校低学年・中学年向き

 ## 1 音楽づくりを楽しもう！

　小学校の音楽科の授業は、大きく「表現」と「鑑賞」の領域に分けられており、表現の領域は、さらに、歌唱、器楽、音楽づくりの3つの分野から成り立っています。歌唱、器楽や鑑賞の授業では、多くの場合、ある楽曲を歌ったり演奏したり、鑑賞したりすることになりますが、音楽づくりの授業では、子どもたちが自分で音楽をつくり出すというおもしろさがあります。「音楽をつくる」というと、ちょっと難しく感じる方もいるかもしれませんが、例えば、3つの音を自由に並べるだけでできたものも立派な音楽です。

　ここでは、小学校の器楽の学習で多く用いられている鍵盤ハーモニカを使った音楽づくりの授業を紹介します。

　小学校学習指導要領（平成29年告示）では、低学年において「音遊び」、中学年において「即興的に表現すること」を通して、音楽づくりの発想を得ることが、音楽科における「思考力、判断力、表現力等」として身につける力の一つと示されています。もう一つは、低学年では「どのように音を音楽にしていくかについて思いをもつこと」、中学年では、少し難しくなりますが、「音を音楽へと構成することを通して、どのようにまとまりを意識した音楽をつくるかについて思いや意図をもつこと」とされています。

　この教材は、このような力と、それに関わる知識や技能を身につけることができる授業のアイデアとしてつくったものです。

2　授業の進め方

　この教材は、鍵盤ハーモニカの演奏が、ある程度、習熟した時期に実施するとよいでしょう。この教材で使うのは、「ミ」「ソ」「ラ」の3音のみです。この3音は日本のわらべうたなどにもよく用いられているため、子どもたちにもなじみがあります。

（1）導入

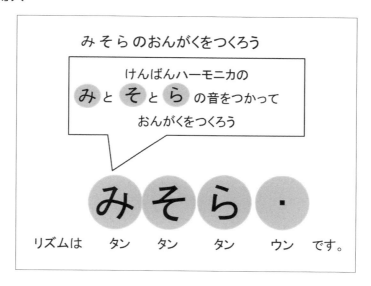

　「今日は鍵盤ハーモニカのミソラの音を使って音楽をつくります」と声をかけます。音楽づくりに取り組むのが初めての場合は、たったの3音でも、自分だけの音楽をつくり出すことの楽しさやおもしろさが味わえることや、みんながつくった3音の音楽はどれもかけがえのない素敵な作品になることなどを伝え、これからの学習に期待をもたせるとよいでしょう。

　次に運指を確認します。1の指（親指）をドの位置ではなく、ミの位置に置くことを確認し、1の指（親指）、3の指（中指）、4の指（薬指）でそれぞれ、ミ、ソ、ラの鍵盤を押さえるように指示します。

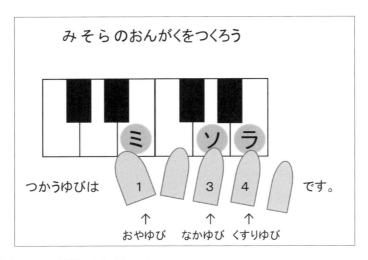

（2）まねっこ（模倣奏）その1

「最初に先生のまねをして吹いてみましょう」と声をかけ、教師の演奏に続けて、全員で演奏をします。

3回ぐらい続けて演奏するとよいでしょう。ダウンロード資料のスライドには3種類のサンプルを準備しています。

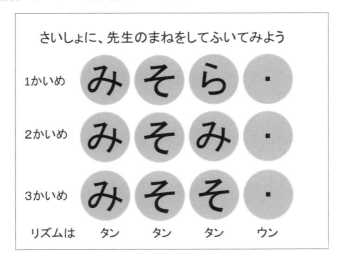

最初は、必ず「ミ」の音から始めます。次に「ラ」の音から始めるパターンや２音しか使わないパターン、同じ音だけを続けるパターンなどを織り交ぜながら演奏して、「まねっこ」をさせましょう。３つごとに、「全部できた人！」「２つはできた人！」などと声をかけて、挙手をさせ、できた子どもたちをほめましょう。あくまでも子どもの自己評価ですが、この挙手が学級全体の状況を把握する形成的な評価にもなりますね。

（3）まねっこ（模倣奏）その２

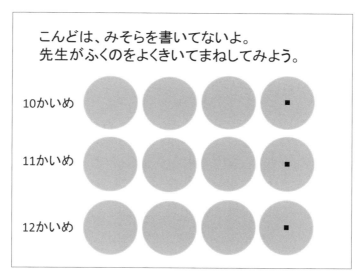

　次は、「ミ」「ソ」「ラ」の階名を示さずに、「まねっこ」をします。最初は難しく感じる子どももいるかもしれませんが、慣れてくるとだんだんできるようになってきます。最初のうちは「初めは必ず『ミ』の音から始めますよ。」などと指示をするとよいでしょう。その後、子どもの様子を見ながら、少しずつ難易度を高くしていくようにします。

（4）先生交代（即興奏）

　次に「だれか、先生の代わりをしてくれる人はいませんか？」と問いかけ、教師と同じように、３音で即興的に演奏してくれる子どもを募ります。たくさんいたら、順番を決め、５人くらいの子どもが、Ａさん→みんな→Ｂさん→みんな…というように拍に合わせて、止まらないように演奏するとよいでしょう。この活動が**技能の評価**のポイントとなります。このときも、例えば、

最初の5人は「必ず『ミ』の音から始めてね！」とか、次の5人は「必ず『ラ』の音から始めてね！」といったように条件を設定しながら、少しずつ、自由度を増していくとよいと思います。

　ここまでの活動は、器楽で鍵盤ハーモニカを使っての学習を行うときにも、導入の段階で、帯学習的に取り組むことで、子どもたちの「模倣して演奏する力」や「即興的に演奏する力」のより確かな育成につながると思います。

（5）自分だけのお気に入りの音楽づくり

　いよいよ、本教材の最も主要な活動になります。「それでは、次は、好きな音を選んで、自分のお気に入りの音楽をつくってみましょう」と声をかけ、お気に入りの音が見つかったら、ワークシートに「ミ」「ソ」「ラ」を書くように指示します。

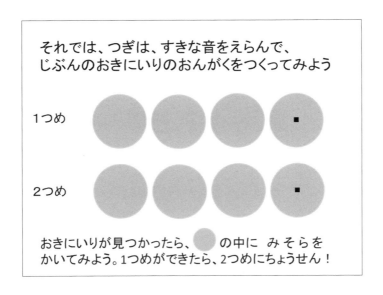

　このときに大切なことは、実際に鍵盤ハーモニカで音を出しながら、自分のお気に入りを探すようにさせることです。ここが**思考・判断・表現の評価のポイント**になりますので、できた子どもには、「なぜ、そのようにしたのかな？」と尋ねてみるとよいと思います。そして、鍵盤ハーモニカで上手に吹けるように練習したり、2つめにチャレンジしたりするように促しましょう。

（6）まとまりのある音楽づくり

　自分だけのお気に入りの音楽ができたら、友だちとペアやグループになって、お互いに自分がつくった音楽を紹介し合います。そして、それを交互につなげて演奏するように指示します。

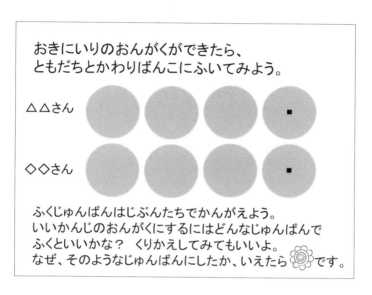

　ペアの場合は、「どちらの音楽から始めて、どちらの音楽で終わるといい感じになるかな？」などと問いかけ、演奏する順序を考えさせるようにします。どちらの音楽も２回ずつ演奏するように条件設定をするとよいと思います。例えば、Ａさん→Ｂさん→Ａさん→Ｂさんと演奏したり、Ａさん→Ｂさん→Ｂさん→Ａさんと演奏したりしながら、二人で話し合って、まとまりのある音楽となるように工夫します。その際、「なぜ、そのようにしたのかな？」といったような問いかけをして、理由を尋ねることで、子どもの思いや意図を知ることができます。ここが**思考・判断・表現と知識の評価のポイント**になります。「Ｂさんの音楽の方が終わる感じがしたから、最後にＢさんの音楽で終わるといい感じになった。」「Ａさんの音楽の終わりの音とＢさんの音楽の最初の音が同じ音だったから、つながりをよくするために、Ａさん→Ｂさんの順につなげて演奏した。」などの発言が聞かれるとよいですね。低学年の子どもは語彙力も言語表現力も未熟なので、丁寧なやりとりをして、

思いや意図を聴いてあげるとよいです。最後に、ペアやグループでの演奏を学級全員の前で発表する機会が設定できれば、さらによいと思います。

　少し難しくなりますが、3人や4人のグループでつなげて演奏してみるのもおもしろいです。中学年ではチャレンジしてみてもよいと思います。

（7）振り返り

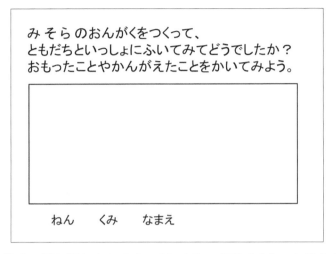

　活動の後は、振り返りをします。「ミソラの音楽づくり」に取り組んでみて思ったことや考えたことをワークシートに書くように指示し、時間があれば、書いた内容をお互いに紹介し合う場面や学級のみんなの前で紹介する場面を設定できるとよいと思います。

 ## 3　おわりに

　子どもたちの鍵盤ハーモニカの演奏技能の習熟度合いや音楽づくりの経験によっても異なりますが、授業の流れの（1）～（4）と（5）～（7）に分けて、2時間で取り組むことや、（1）～（4）を帯学習のように取り組んだ後に、（5）～（7）に取り組むなど、いろいろなパターンが考えられますので、子どもたちが無理なく、楽しみながら音楽づくりができるように工夫してみてください。

第2節 リズムアンサンブルで さくらをさかせよう！

音楽づくり×小学校中学年・高学年向き

1　アンサンブルってなあに？

　平成29年に告示された学習指導要領では、和楽器が、第3学年及び第4学年の例示に加えられました。現在、小中学校の現場でもっともよく用いられている和楽器は箏です。ということは、小学校3年生から、箏を用いた授業が行われるようになるのかもしれません。ここで紹介する『さくらさくら』でリズムアンサンブルをつくる授業は、箏で行うこともできます。ぜひ、ご自身の学校の実態に合わせて取り組んでみてください。

　アンサンブルとは、簡単に言うと「二人以上が同時に演奏すること」です。今回は、いくつかのリズムのパターンを二人で繰り返したり、重ねたりして、まとまりを感じ取らせます。ここで、低学年の音楽づくりと中学年の音楽づくりの違いを振り返ってみましょう。もっとも大きな違いは、「重ねる」という表現が加わることです。中学年以上では「重ねる」という表現のよさやおもしろさを実感させたいものです。

2　「繰り返し」と「変化」でまとまりをつくる

（1）さくらのリズムを調べよう（一斉・個）

　まずは『さくらさくら』を歌ってみましょう。そして、「さくら」という言葉が何回出てきたのかを問いかけます。もちろん4回ですね。

1　『さくらさくら』を歌ってみよう！

さくら　　さくら　　のやまも　さとーも

みわたす　かぎーり　かすみか　くもーか　あさひに　におーう

さくら　　さくら　　はなざーかり

　次に楽譜を見ながら、「さくら」の部分の音の高さ、及びリズムが繰り返しであることに着目させます。確認したら、「タンタンター」などの言葉でリズム唱をしたり、手拍子を打ってみたりしてみましょう。

2　「さくら」のリズムをしらべよう！

| さ | く | ら | ー | さ | く | ら | ー |

タン　タン　ターン　　タン　タン　ターン

くり返し

同じリズムがくり返されているね！

（3）さくらのリズムを変えてみよう（一斉・個）

　次に、「さくら」のリズムを細かくしたり、伸ばしたり、繰り返しを多くして歌ってみます。

3 「さくら」のリズムをかえてみよう！

さ	ー	く	ー	ら	ー	ー	ー

ターン　ターン　タ　ー　ン

このリズムになるとどうかな？

3 「さくら」のリズムをかえてみよう！

さくら	さくら

タタタ　タタタ

リズムがかわるとどんなさくらになるかな？

　「さくら」のリズムをいろいろ並べてみると、桜の情景やイメージが変化していく感じがすると思います。たとえば、「細かく歌うと、花びらが散っているような感じがする。」「長く伸ばして歌うとすると、夜の桜の木のイメージがわく。」などです。時間の流れと共に変わる桜の様子を思い浮かべ、順番にしたり、物語をつくったりしながら考えるとよいでしょう。さくらカードを数種類作成しておくと便利です。ここが**知識の評価**のポイントとなります。

（4）いろいろなさくらのリズムを重ねてみよう（グループ）

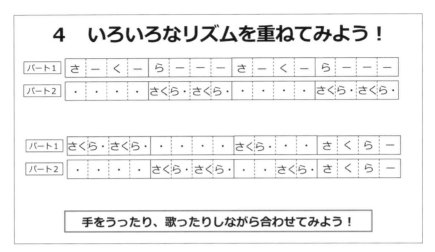

　ここからは、ペアで活動します。①必ず8小節つくること、②「くり返し」を用いること、を条件に2つのパートで重ねます。まずは、教師がモデルを提示します。次に、子どもたちがやってみます。実際に声を出しながら、さまざまに重ねてみましょう。

　ここでおさえておきたいポイントは、2小節のリズムのまとまりです。こ

のまとまりを意識することで、「変化」に気づくことができます。

　また、2小節ずつのリズムのまとまりをつくることで、音楽づくりのハードルも下がります。2小節を2回繰り返せば4小節になるからです。(3)でイメージしたさくらの様子や、物語を生かせるとよいですね。

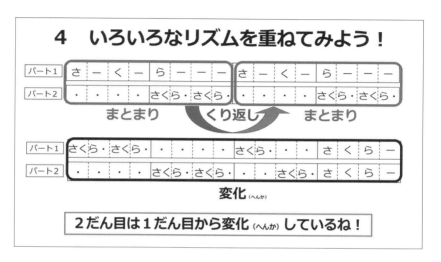

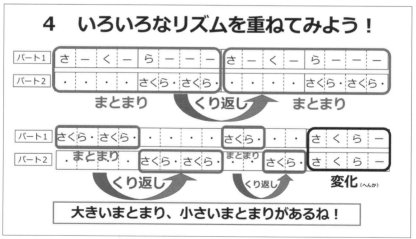

　1段目の4小節と2段目の4小節で、どのように変化するのか、その思いや意図を子どもたちなりの言葉にして記述させたり、教師との対話により発言させたりするとよいでしょう。「こんな音楽をつくりたい」という思いや

意図は、授業の途中で変容しても構いません。「繰り返し」や「変化」を理解することで、思いや意図がふくらむからです。ここが、**思考・判断の評価のポイント**です。

（5）つくった音楽を聴き合ってみよう

5　友だちのつくった音楽をきき合ってみよう！

きき合う時のポイント

① くり返し や まとまり をさがそう！

② リズムが変化（へんか）したらどんなさくらになったかんじがしたか、つたえよう！

くり返しやまとまりのおもしろさをさがそう！

　授業の終わりには、友だちと聴き合う時間を設けます。その際、相互評価や自己評価を行うとよいでしょう。「感想を伝えてね」などのざっくりとした伝え合いではなく、聴き合って評価する視点をきちんと確認します。ここでは、「お互いの作品にどんな繰り返しや変化があるか。」ということと、「繰り返しや変化によって桜の情景やイメージはどんな感じになったか。」という2点です。つまり、この2点を意識して、友だちの作品を聴くことができたかどうかも、**知識の評価のポイント**となります。

　このアンサンブル、実は「さくら」という言葉がキーワードです。「さ」の子音が際立ちますので、リズムが細かくなると本当に花が咲き乱れるように聴こえます。箏を使って演奏する場合は平調子の七と八の弦のみ（もしくは巾と為、三と二などいずれもラとシの音の弦）で演奏することができますので、初めて楽器に触れる子どもたちでも、無理なく演奏することができます。ぜひ、さまざまな形のアンサンブルを楽しんでください。

クラスのジングルを
つくろう

第**3**節

音楽づくり（創作）×小学校高学年・中学校向き

1 音楽づくりの「音楽」ってなあに？

　「今日の授業は音楽をつくります。」と言われたとき、子どもたちはどんな反応をするでしょうか？ほとんどの子どもが「難しそう。だけど楽しそう！やってみたい。」と目を輝かせるでしょう。一方、教師はどうでしょうか。「音楽づくりは難しい。」「作曲を教えるなんて無理。」などの声が聞こえます。音楽づくり・創作の敷居が高いと思っているのは、教師だけなのかもしれません。

　ところで、音楽づくりの「音楽」とはなんでしょうか。かつて、音楽の3要素は「リズム」「メロディ（旋律）」「ハーモニー（和音）」とされてきました。これは西洋音楽における考え方です。実際には、この枠にあてはまらない音楽がたくさんあります。

　たとえば、1952年にアメリカのジョン・ケージは、『4分33秒』という曲をつくりました。3つの楽章で構成された、この曲の楽譜には、「TACET（タチェット）」という単語のみが書かれています。「TACET」とは、長い休止のことです。それでは、この曲、どのように演奏されるのでしょうか。初演はピアノでした。ステージ上に登場したピアニストは、おじぎをしてピアノの前に座りました。そして、休符を演奏しました。休符ですから、実際にピアノの音は鳴りません。何も始まらないのですから、疑問に思った聴衆が、ひそひそとざわつきはじめます。にもかかわらず、ピアニストは座ったままです。そして、4分33秒がすぎると、ピアニストは再びおじぎをして退場しました。聴衆の耳に届いた音はなんだったと思いますか？初演のときに聞こえたのは、屋根を打つ雨の音、聴衆の咳払いや困ったようなつぶやきだ

ったそうです。ケージは、この4分33秒の間に生じた音の総体を音楽と考えました。彼の音楽は偶然性の音楽と呼ばれています。その他、ノイズ・ミュージックというジャンルでは、ガラスをひっかく音なども音楽だとされています。音楽とはいったい何なのかを考えてみるのも、おもしろいかもしれませんね。

 ## 2 「ド」の音でジングルをつくろう

　右も左もわからない状態で、「さあ、自由に作曲をして。」と言われても、子どもは困ってしまいます。音楽づくりや創作の授業のポイントは、条件を絞ることです。「二つの音だけでメロディをつくりましょう。」「この詩をラップのリズムで歌いましょう。」などと提示することで、音楽づくりはぐっと楽になります。

　ここでは、山田潤次さんによる「『ド』の音楽」(『音楽指導クリニック10』学事出版、1997年) を参考に、「ド」の音だけを使ってジングルをつくる授業を紹介します。ジングルとは、ラジオやテレビ番組のCMの開始や終了、場面が切り替わるときに流れる短い音楽のことです。ニュース番組などでは、CM前に「Nスター」や「ゼロー」などの切り替え音楽が入りますね。『オールスター感謝祭』のジングルなどは、子どもたちもよく耳にしているでしょう。本事例では、タブレットの楽器アプリを使ってジングルをつくります。もちろん、鍵盤ハーモニカやキーボード、木琴や鉄琴などの楽器でもOKです。

(1) 導入

　「最近テレビを見ていて、うちのクラスにもジングルがあったらいいなって思うようになりました。」と、話をします。子どもたちからは「ジングルってなに?」と声が挙がります。ここで、『オールスター感謝祭』などいくつかのテレビ番組のジングルを聴かせましょう。そして、「集会で発表したりするときに、ジングルがあると便利だよね。それに、自分たちでつくったジングルがあるってすごいよね。」と話して、子どもたちの意欲を高めましょう。

（2）教師が手本を見せる

　「先生も、考えてみました。聴いてね。」と話して教師が手本を見せます。そして、伴奏に合わせて、タブレットの楽器アプリを使って、①または②の楽譜を演奏します。楽器の音色はなんでも構いません。タブレットの画面を電子黒板などに映すとよいでしょう。鍵盤ハーモニカを使ってもよいでしょう。そして、教師がつくった音楽が、ドの音だけでできていること、基本形をア、イ、ウのリズムに変化させていること、を話します。伴奏はダウンロード資料に収録しています。

（3）基本形を練習しよう

　伴奏に合わせて、基本形を演奏させます。右手の指だけでも、また、高いドを右手で、低いドを左手のように、別々に演奏しても構いません。まずは、教師が手本を聴かせ、子どもたちにまねをさせましょう。弾けるようになっ

たら、伴奏に合わせてみましょう。

(4) バリエーションを練習しよう

　ダウンロード資料のスライドを見ながら①②③のリズムで演奏します。

①

②

③

①のリズムは、基本形の4分音符を2分割したものです。タタ、タタのように演奏します。②のリズムは3分割したものです。タタタ、タタタのように演奏します。③のリズムはタータ、タータのように演奏します。練習して弾けるようになったら、伴奏に合わせてみましょう。

（5）さまざまに組み合わせよう

　今まで練習したリズムを組み合わせて演奏してみましょう。

　子どもたちには、さまざまな組み合わせをつくってよいことを指示します。そうすると、勝手にリズムを加えたり、組み合わせを変えたりして演奏し始めます。次第に、「先生、こうするともっとおもしろいよ。」の声が聞こえ始めるはずです。おもしろい演奏をみつけて、クラス全員で共有しましょう。「○○さんの演奏をちょっと聴いてみましょう。」と声をかけ、演奏をさせます。友だちの演奏を聴くことで、子どもはさらに新たな工夫を見つけようとします。この試行錯誤の過程が**思考・判断・表現の評価のポイント**です。

　教師が次のような例を見せてもよいでしょう。

　できあがったジングルは、そのままタブレットに録音するとよいでしょう。**技能の評価に活用する**ことができます。

（6）〇年〇組のジングルを選ぼう

　オリジナルのジングルができたら、発表会をして〇年〇組のジングルを決めましょう。生演奏でも、録音でも構いません。そして、なぜ〇年〇組にぴったりなのかを考えさせましょう。

　伴奏の楽譜は次の通りです。ピアノが得意な教師は、生演奏で伴奏をしてもいいですね。

第5章

評価ができる
鑑賞の授業のネタ

第**1**節 音楽のイメージを
身体であらわそう

鑑賞×小学校低学年・中学年向き

1　音楽的な活動の基本＝「聴くこと」

　「聞く」と「聴く」の違いを知っていますか？『大辞林』（三省堂、2019年）には次のように書かれています。

　「聞く」は、音や声を感じとる。また、その内容を知る。
　「聴く」は、注意して耳に入れる。傾聴する。

　音楽科の学習指導では、ただ単に「聞く」のではなく、音楽を「聴く」こと、また、それを身体全体で受け止めることが大切です。
　ここで、平成29年に告示された小学校学習指導要領をみてみましょう。鑑賞の内容は次のように示されています。

第1学年及び第2学年	ア	鑑賞についての知識を得たり生かしたりしながら，曲や演奏の<u>楽しさ</u>を見いだし，曲全体を味わって聴くこと。
	イ	<u>曲想と音楽の構造との関わり</u>について気付くこと。
第3学年及び第4学年	ア	鑑賞についての知識を得たり生かしたりしながら，曲や演奏の<u>よさ</u>などを見いだし，曲全体を味わって聴くこと。
	イ	<u>曲想及びその変化と，音楽の構造との関わり</u>について理解すること。
第5学年及び第6学年	ア	鑑賞についての知識を得たり生かしたりしながら，曲や演奏の<u>よさ</u>などを見いだし，曲全体を味わって聴くこと。
	イ	<u>曲想及びその変化と，音楽の構造との関わり</u>について理解すること。

（下線は筆者による）

88

低学年では「楽しさ」、中学年及び高学年では「よさ」を見いだすことが示されています。中学校ではこれが「よさや美しさ」になります。また、低学年で示されていた「曲想と音楽の構造との関わり」は「曲想及びその変化と、音楽の構造との関わり」になっています。「楽しさ」から「よさ」へ。つまり、中学年以上では、自分なりに考えを深めて「よさ」や「美しさ」を見い出すことが求められているのです。「聴く」ための働きかけが大切です。

2　『動物の謝肉祭』を聴いて自由に想像し、そう感じる理由を考えよう

　ここでは、子どもたちが積極的に気づこうとしたり、また、知ろうとしたりする授業のアイデアを紹介します。教材は『動物の謝肉祭』から『雌鶏と雄鳥』、『亀』、『象』、『森の奥のかっこう』です。身体全体を使って音楽を感じ取らせましょう。

（1）『動物の謝肉祭』について

　『白鳥』で有名な『動物の謝肉祭』は、14の小品からなる組曲です。フランスの作曲家カミーユ・サン＝サーンスが1886年に作曲しました。謝肉祭とはカーニバル、つまりお祭りのことです。これら一連の曲は「動物たちのお祭りの様子」を想像力豊かに音楽で表しています。

　14曲のタイトルは次の通りです。1『序奏と堂々たるライオンの行進』、2『雌鶏と雄鶏』、3『らば』、4『亀』、5『象』、6『カンガルー』、7『水族館』、8『耳の長い登場人物』、9『森の奥のかっこう』、10『大きな鳥籠』、11『ピアニスト』、12『化石』、13『白鳥』、14『終曲』。曲目だけでもワクワクしませんか！

（2）鑑賞曲について

　『動物の謝肉祭』にはさまざまな編曲があります。この授業ではオーケストラ版かオリジナル版が色彩豊かでよいでしょう。授業で鑑賞する曲の短い解説は以下の通りです。

雌鶏と雄鶏	35小節という短い曲ですが、ピアノと弦楽器による鶏たちの鳴き声の掛け合い（呼びかけとこたえ）がとても愉快です。
亀	ゆったりとした旋律を弦楽器が奏でます。よく聴いてみるとこの曲は運動会でよく聴かれる『天国と地獄』の旋律のパロディーです。
森の奥のかっこう	2台のピアノが少し不気味なコラール（讃美歌）風のメロディを奏でる中にクラリネットがかっこうの鳴き声を真似ます。
象	弦楽器の最低音を担当するコントラバスが3拍子のリズムに乗ってワルツを踊ります。

 ## 3 音楽による「動物のお祭り」を聴こう！

（1）授業の導入

　子どもたちは動物が大好き。授業の導入で「今日は『動物の謝肉祭』という曲を聴きます。動物のお祭りという意味です。いろいろな動物が出てくるよ。」と話をしましょう。子どもは、興味をもって授業に取り組むことができます。

（2）音楽を身体で表現してみよう　～『雌鶏と雄鶏』『亀』

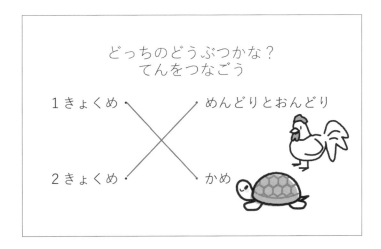

どっちのどうぶつかな？
てんをつなごう

1きょくめ・　　　　　・めんどりとおんどり

2きょくめ・　　　　　・かめ

　最初に、「これから『雌鶏と雄鶏』と『亀』という曲を聴きます。どちらがにわとりで、どちらが亀かを考えながら聴きましょう。」と話します。そして、

それぞれ10秒程度、音楽を流します。そして、どちらが『雌鶏と雄鶏』だと思ったか、どちらが『亀』だと思ったのか、を子どもたちにたずねましょう。

　だいたいの子どもは、正解を答えます。次に「本当かどうか、最後まで音楽を聴いて確かめます。亀になって確かめてみましょう。」と声をかけ、『亀』を最後まで流します。同様に『雌鶏と雄鶏』も身体表現させます。１曲目は『亀』、２曲目は『雌鶏と雄鶏』です。

かめ

- これからきくきょくは「かめ」

きょくをきいて、**からだをおんがくでひょうげんしよう。**

めんどりとおんどり

- めんどりとおんどりってしってる？　にわとりのメスとオスだよ
- これからきくきょくは「めんどりとおんどり」というきょく

めんどりとおんどりになったつもりで**からだでおんがく**をひょうげんしてみよう！

この２曲は速度と音の高さが対照的です。子どもたちからも対照的な動きが見られると思います。音楽に合わせ、どのように身体を動かしたらいいかを考えながら動いている姿から、**思考・判断・表現を評価**することができます。また、低学年では、「速度が遅い」という文言と、「身体をゆっくり動かす」という行為を結びつけ、言葉で表現するのはまだまだ難しいようです。「速度が遅いから、のそりのそりと動いているように感じたんだね。」など、子どもの動きを教師が知識として整理することが大切です。ここが、**知識の評価のポイント**になります。「速度が速い、遅い」、「音が高い、低い」などを、身体表現と関連づけて理解させましょう。

（３）曲のタイトルを考えよう　〜『森の奥のかっこう』、『象』

「次の曲はなんの動物を表しているでしょう？」と問いかけ、『森の奥のかっこう』を流します。「かっこう」という名前はすぐに出てくるでしょう。次に、タイトルが『〇〇の奥のカッコウ』であることを話し、〇〇を考えさせます。身体表現をさせてもよいでしょう。

この曲は、クラリネットがかっこうの鳴き声を表しています。また、ピアノの伴奏が森の様子を表しています。なお、「森」という答えは出てこなくても構いません。ピアノの音色に着目し、どのような場面なのかを考えさせましょう。ここも**思考・判断の評価のポイント**です。

最後に『象』を聴きます。まずは、身体表現をさせてみましょう。そして、次の手順で何の動物なのかを考えさせます。

どんなどうぶつかな？

1　おおきなどうぶつ？　ちいさなどうぶつ？

2　はやくうごく？　ゆっくりうごく？

3　いっぴきかな？　たくさんいるかな？

4　なんのどうぶつでしょう？

どうしてそうおもったのか、
わけをおしえてね。

　（2）と同様に、子どもたちの身体の動きと関連づけ、「音が低いから大きな動物だと感じたんだね。」「速度が遅いからゆっくりの動物だと思ったんだね。」のように、教師が知識として整理することが大切です。**知識の評価のポイント**となります。最後には曲の全体を聴かせ、なんの動物かを考えさせましょう。「象」という答えは出てこなくても構いません。最後に、作曲家は象をイメージしてこの曲をつくったこと、感じ方は人によって異なること、感じ方に正解、不正解はないことなどを話しましょう。

第2節 わしの名前は サン＝サーンスじゃ

鑑賞×小学校中学年・高学年向き

 ### 1 聴かせる「しかけ」を！

　子どもたちに聴かせる鑑賞教材はどのように選んでいますか？「教科書に載っているから。」という理由だけで、鑑賞曲を選んでいませんか。音楽科の学習指導要領の鑑賞教材の項目をみてみましょう。曲の指定はありません。音楽科の授業では、学習の目標や内容に合致した楽曲であれば、教科書にこだわる必要はないのです。鑑賞教材だけでなく、共通教材を除く歌唱教材も同じですね。もちろん、指定がないからといって、教師が好きな曲ばかりを聴かせればいいということではありません。音楽の授業における鑑賞には、「日頃はあまり耳にしないさまざまな楽曲を聴く」という意味もあるからです。

　といっても、あまり耳にしない音楽、まして、特に好きではない音楽を、目的なく聴き続けるにはかなりの忍耐力が必要です。大人でも同じですね。しかし、目的があれば、何度聴いても苦になりません。例えば、好きなアーティストの新曲の歌詞を、文字起こししようとする場合です。できるまで、何度も再生して聴きますね。鑑賞の学習でも、リズムや旋律、強弱など、音楽を形づくっている要素を聴き取らせる鑑賞を仕組んでみましょう。その方法として、八木正一さんは「ながら視聴」を挙げています。以下、簡単にまとめます。

①うたいながら聴く
　テーマを口ずさみながら聴く。心の中でメロディを歌いながら聴く。

②動きながら聴く

　踊ったり、身体運動をしたり、手拍子をしたり、リズム打ちをしたりしながら聴く。

③手作業しながら聴く

　カードを並べかえたり、線つなぎをしたりするなどの活動をしながら聴く。

④数えながら聴く

　テーマが何回出てきたか、何回変奏されているかなど、数えながら聴く。

⑤違いを見つけながら聴く

　異なる演奏バージョンを比較したり、演奏家を比較したりして、その違いを見つけながら聴く。

⑥見ながら聴く

　映像を見たり、楽譜を見たりしながら聴く。

　手だてを工夫することで、わかりやすく、しかも楽しい鑑賞の授業ができますね。

 # 2　楽器の音色を学ぶ鑑賞『白鳥』

　『白鳥』は、サン＝サーンスというフランスの作曲家がつくった曲です。『動物の謝肉祭』という組曲の中の１曲です。『動物の謝肉祭』には、『白鳥』以外にも『亀』『象』『カンガルー』など、子どもたちの興味をひく楽しい曲がたくさんあります。ぜひ、聴いてみてください。本事例は、山中文さんによる『白鳥（サン＝サーンス作曲）』（『音楽指導クリニック５』学事出版、1993年）を参考に構想しました。作曲者のサン＝サーンスになりきって、授業を進めましょう。

（1）導入

　ダウンロード資料のスライドを見せながら、サン＝サーンスがつくった音楽を聴くことを話します。

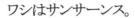

ワシはサンサーンス。

今日は、ワシのつくった曲を
みんなにきかせるためにおじゃました。

みんなはどれだけ音楽をきく力をもっ
ているかな。ためしてみよう。

（2）『白鳥』と『水族館』の比較聴取

　どちらも、曲の最初だけを聴かせます。

今から、『白鳥』と『水族館』の2曲
をきいてもらう。

どちらが『白鳥』で、どちらが『水族
館』かわかるかな？

　子どもたちに、答えを考えさせます。ここでは、正しく答える必要はあり
ません。いろいろな発想で考えさせます。しかし、まだまだ決め手は見つか
りません。ここでヒントを出します。

ふむふむ。決め手にかけるとな。
ではヒントをだそう。

次の ☐☐☐☐☐ には楽器のなまえが
はいる。楽器の音がヒントじゃ。

『白鳥』
ピアノ2台が、静かにゆらいでいる湖の水をあらわ
している。その上を ☐☐☐☐☐ が美しいメロディを
ゆったり演奏し、ゆうがな白鳥の感じをみごとにあ
らわしている。

『水族館』
ピアノがゆれうごく水の感じを出している。そこに、
☐☐☐☐ や ☐☐☐☐ 、☐☐☐☐ などが、すいす
い泳ぎ回る魚たちを表している。魚たちのうろこが
キラキラと光っている感じも出てるぞ。

　どちらもピアノが水の感じを表していることがわかります。といっても、
子どもたちは、曲を聴いただけで楽器名がわかるとはかぎりません。ほとん
どの場合、難しいと考えられます。そこで、楽器以外の手がかり、「ゆった
り」とか「きらきら」などの言葉をヒントに考えることを話します。そして、
再度二つの曲を聴かせます。今度は少し長めに聴かせましょう。『水族館』

の方を「ゆったり」と感じ、『白鳥』の方を「きらきら」と感じる子どもが
いても構いません。

（3）楽器に着目

だいぶわかったかな。そうじゃ。2曲目
が白鳥じゃ。

では、□□□□□□□にはいる楽器名を教
えよう。

フルート、ヴァイオリン、チェロ、チェレ
スタじゃ。白鳥はこのなかのひとつじゃ。

　ここで、『白鳥』で使われている楽器を考えさせます。**知識の評価のポイ
ント**です。このとき、楽器の簡単な説明もしましょう。教科書などの写真を
見せると、楽器の大きさが理解できます。それぞれの楽器の音色の音源を、
少しだけ聴かせてもよいですね。

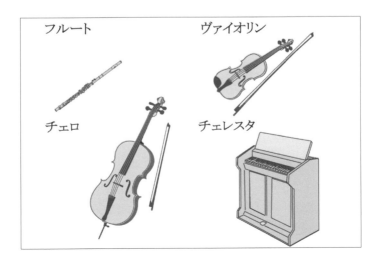

フルート　　　　　　　ヴァイオリン

チェロ　　　　　　　　チェレスタ

そして、『白鳥』を再度聴かせます。「チェロ」ではないかという答えがでてくるはずです。

（4）ピアノに着目

次は、2台のピアノに着目させます。

※楽譜は『白鳥（サン＝サーンス作曲）』（『音楽指導クリニック5』学事出版、1993年）
から転載

ここで再度、『白鳥』を途中まで聴かせます。そして、楽譜を見せながら、ピアノ1、ピアノ2がそれぞれ何を表しているかを考えさせます。ここが**思考・判断・表現の評価のポイント**です。ピアノ1は、チャラララチャラララと、途切れることなく演奏されていること、ピアノ2は、ときどき思い出したようにポロローンと演奏されていること、に着目させましょう。子どもたちの考えがまとまったら、次のように作曲者の思いや意図を話します。

ピアノ1はチャラララチャラララと弾いて
おるじゃろ。これは白鳥が泳ぎやすそ
うな水面の感じをだしたんじゃ。

ピアノ2は、ひまそうに、ときどき思いだ
したようにポロローンと弾いておる。こ
れは水面のさざなみのつもりなんじゃ。

（5）まとめ

　ポロローンにも着目させながら全曲を通して聴かせます。最後に、サン＝
サーンスへの手紙を書かせましょう。

ワシがつくった白鳥はどうじゃったか

気に入ったところや、おもしろかった
ところを書いて、みせてくれ。

また会おう。

第**3**節 違う？ 同じ？ 世界のこもりうた

鑑賞×小学校中学年・高学年・中学校向き

 1 世界の音楽を学ぶことの意味を 再考しよう

　国際化が進む日本社会の中で、音楽科においても世界のさまざまな音楽を学ぶことが重視されてきています。例えば、小学校の教科書には、モンゴルのホーミー、インドネシアのケチャ、トルコの軍楽隊メヘテルハーネなどの諸外国の音楽が掲載されています。しかし、ここに一つの問題があります。それは、教科書などで教材化されている諸外国の音楽のほとんどが、よく知られた「伝統的な音楽」であるということです。あたかも観光パンフレットのように、各国の伝統的な音楽が掲載されているのです。

　もちろん、諸外国が長い歴史の中で培ってきた音楽文化に触れることには深い意義があります。しかしながら、世界の国々で「今」を生きる人々が暮らしの中で親しんでいる音楽に触れることにも、もっと目を向けるべきでしょう。例えば、日本に暮らすわたしたちのほとんどは、普段から長唄や民謡といった日本の伝統的な音楽に親しんでいるわけではありませんよね。もっと暮らしに根づいた音楽があるはずです。

　そこで本節では、さまざまな音楽に耳を傾けながら、世界中の人々の「今」の「リアル」な生活を想像し、共感を寄せ、さらに、文化が異なる中でも共通する―人間と音楽の関係に思いを馳せる―そんな鑑賞活動と評価の方法を提案します。

2　世界中の国々にあるうた「こもりうた」

　本節で取り上げるのはこもりうたです。言わずもがなですが、こもりうたは親をはじめとする養育者が子どもに歌いかけるうたです。日本でもわらべうたとしていくつものこもりうたが歌いつがれてきています。また、世界各国にも多種多様に存在しています。そして、子どもを寝かしつけるためのうたであるという背景から、世界中のこもりうたには共通性があります。呉東進さんは、著書『赤ちゃんは何を聴いているの？―音楽と聴覚からみた乳幼児の発達』（北大路書房、2009年）の中で、「テンポがゆったりして遅く、音域が中音域〜高音域で、旋律がなめらかで、母親が乳幼児に語りかけるときの特有の話しかた『マザリーズ（motherese）』に似ている」と述べています。

 ## 3　こもりうたを通じて世界の音楽に出会う 鑑賞活動

（1）4つのうたを聴き、曲名を考える

　「これから4つのうたを聴きます。それぞれのうたの題名は何なのか、想像しながら聴いてみましょう」と言って、以下の4曲を聴かせます。4曲とも時代を超えて歌いつがれているこもりうたです。インターネットで検索すると、どの曲も音源が存在しています（原題での検索をおすすめします）。

　ア　『島の赤ちゃん（原題：섬집아기）』作詞：韓寅鉉　作曲：李興烈
　イ　『黒い顔の牛（原題：Boi da cara preta）』作詞・作曲：不詳
　ウ　『砂の精（原題：Sandmannchen）』作曲：ヨハネス・ブラームス
　エ　『こもりうた』日本古謡

　アは韓国のこもりうたです。母親が海辺で牡蠣を獲っているあいだ、海の波音を聴きながら眠る赤ちゃんの様子を歌っています。イはブラジルのこもりうたです。黒い顔の雄牛が赤ちゃんを連れ去ろうとするという、ちょっと怖い歌詞ですが、とてもおだやかな曲調です。ウはブラームスがドイツ民謡をもとに作曲しました。砂の精が、子どもたちを眠くさせるために目に砂を

まくという民話を下敷きにした歌詞です。エは小学校第5学年の歌唱共通教材にもなっている、日本で歌いつがれてきたこもりうたです。

　以下は、アの韓国のこもりうたの1つ『島の赤ちゃん』の鑑賞と解説に用いるスライドです。

　子どもの学年や実態に応じて、「どうしてそう思ったのか、理由も考えましょう。『速さがこうだったから』『歌詞がこう聞こえたから』など、音楽のなかに理由がないか、さぐってみてね」と推理を促します。適宜ワークシートを配布してもよいでしょう。

　続いて、数名の子どもに、考えた曲名を発表させましょう。やはり学年や実態に応じて、どうしてそのように考えたのか、根拠を交えて話すように働きかけます。この一連の取り組みを通じて、**鑑賞の知識である曲想と音楽の構造の関わりの気づきを評価することができます。**

子どもたちの学年や実態、興味・関心などに応じて、うたの生まれた国についても紹介しましょう。これを、イ・ウ・エの曲についても行います。

イ　このうたの名前は『黒い顔の牛』

- 「黒い顔の牛が、子どもを連れていってしまうよ。だめだめ、連れて行かないで。かわいい子が泣いているよ、かわいそうだよ…」といううた。
- ブラジルのうた。
- ブラジルの子どもたちにとっても身近なうただそうです。

イ　ブラジルはどんな国？

国旗
ブラジル
サッカー

ウ　このうたの名前は『砂の精』

- 「月あかりの中で花も眠っている。小鳥も羽をやすめている。窓から眠りの妖精が子どもたちをのぞいている…」「眠れ、眠れ、わが子」という歌詞。
- ドイツの作曲家であるブラームスが、友だちの作曲家の子どものために、旋律をつくったそうです。

ウ　ドイツはどんな国？

ドイツ
国旗
ビール

（補助資料のパワーポイントはア〜エの4曲分あります）

　ダウンロード資料のスライドでは国旗や名産品を紹介してありますが、中学年以上であれば、子どもたちがそれぞれの国を調べる活動を他教科で行い、それと関連させることも可能です。

　また、これらのスライドの中には、イやウを現地の子どもたちが愛唱していること、エが友人の子どものためにつくられたものであることを盛り込んであります。こうした音楽と人々の関わりについてのエピソードを、子どもたちに話しましょう。子どもたちが、「遠く離れた国で、自分と同じようにうたを歌っている子どもがいるんだ。」と実感をもつことが、異文化への共感・理解につながっていきます。

（2）こもりうたの「速さ」に着目！共通性を考えよう

　4曲の鑑賞と曲名・国々の紹介を終えたころには、子どもたちは「あれ？

今聴いたの、4曲ともこもりうたじゃない？」と気づき始めるはずです。そこで、種明かしをします。「そうです。今日聴いた4曲は、全部こもりうたでした。黒い牛が出てきたり、砂の精が出てきたりと、いろいろな歌詞でしたね。世界中で、大人やお兄さんお姉さんが、小さな子どもや赤ちゃんがよく眠れるように、こもりうたを歌っているのですね。」とここまでを総括して、次の問いかけへと進みます。「いろいろな違う歌詞のこもりうたが出てきたけれど、実は、同じところもありました。ア・イ・ウ・エのこもりうたの、同じところはなんでしょうか？」

　中学年以上の場合には、「同じところ」を子ども自身に考えさせてみましょう。速度が比較的遅いということに気づいたら、次のスライドに進みます。低学年の場合には、初めから、「実は同じところもあります。それは、速さです。」と言って、進みましょう。

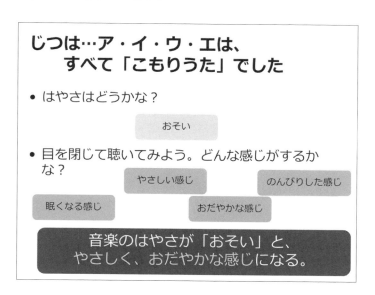

　4曲を再度聴きながら、テンポを感じ取る活動をします。「手拍子しながら聴いてみましょう。」と促すと、テンポが遅いことに子どもが気づきやすくなります。さらに、「音楽の速さが遅い」という音楽の要素の表れ方が、「やさしい感じ」「おだやかな感じ」といった曲想（音楽の雰囲気や表情、味わい）につながっている要因の1つであることを確認します。

なお、スライドは、色のついた部分がアニメーションで出てくるようになっています。子どもたちと対話しながら、順番に提示し、進めましょう。また、子どもの実態に応じて、旋律がなめらかであることなどを音楽の要素の表れ方として取り上げることもできます。これらは、**曲想や音楽的特徴と、それをつくりだす旋律や速度などの要素の関わりについての、思考力・判断力・表現力、知識を評価**することになります。

（3）発展：独特のこもりうたを聴いてみよう

　（1）では、世界中にあるさまざまなこもりうたに触れ、（2）では、速さに焦点を絞り、こもりうたの共通性を考えました。さらに、発展的な活動が（3）です。

　実をいうと、世界のこもりうたには、ここまでに取り上げた共通性をもたない独特のものも存在します。中央アフリカのサバンガ族が歌うテンポの速いこもりうたや、南太平洋のマオリ族にみられる、長老が複数人で歌うこもりうたなどです。本節で紹介してきたア～エとは大きく異なっていますが、これらもやはり子どもをあやし、寝かしつけるこもりうたです。際だって特徴的なこもりうたの鑑賞を取り入れ、音楽の多様性や独創性に触れることもまた、異文化理解の視点から重要なことと言えるでしょう。なお、音楽学者の小泉文夫さんは、『人はなぜ歌をうたうか』（学研プラス、2003年）などの数多くの著書の中で、こうした世界のさまざまなうたを紹介しています。手に取ってみてください。

第6章

評価ができる
日本の音楽の授業のネタ

第1節 わらべうたで「拍」を学ぼう！

日本の音楽×小学校低学年・中学年向き

1　日本の音楽「わらべうた」

　世界中で、子どもを中心に歌いつがれているわらべうた。日本も例外ではなく、非常に多様なわらべうたが現代でも歌われ、また新たにつくりだされています。わらべうたは時代を超えて、人から人へ口伝えで伝承されてきた音楽であり、また、特別な教育を受けられる環境になくても、誰もが口ずさんで遊んだ経験をもつ "みんなの" 音楽とも言えるものです。遊びにともなって歌われ、地域や時代によって歌詞や旋律に無限にバリエーションが生み出されてきました。

　音楽学者の小泉文夫さんはそうしたわらべうたを遊びの種類に即して分類し、「となえうた」「絵かきうた」「おはじき・石けり」「お手玉・羽子つき」「まりつき」「なわとび」「じゃんけん」「お手合わせ」「からだ遊び」「鬼遊び」の10の類型を提示しました。本節ではこの中から、からだ遊びを用いた学習活動を紹介します。からだ遊びは、全身を動かしながら歌い遊ぶわらべうたであり、身体表現を通じて音楽を感受し、言葉を通じてだけでなく非言語的に理解を深めている幼児期・児童期の子どもたちにぴったりです。

　ここに掲載しているのは『ひらいたひらいた』を用いた活動ですが、このうたに限らず、子どもたちが休み時間などに歌っているわらべうたを取り上げて、同種の活動を展開することが可能です。子どもたちが日常のなかで知らず知らずのうちに習得しているうたに立脚して、オリジナルの学習活動を構想しましょう。

2 低学年向け：身体全体で拍を感じる活動
『ひらいたひらいた』

（1）輪になって歌おう

　わらべうたの活動で大切なことは、「遊びながら歌う」ことです。楽曲としてうたのみを取り出すのではなく、身体を使いながら活動を展開し、子どもたちがうたになじんでいくようにしましょう。

　「今日は新しいうたで遊ぶよ。」と子どもたちに声をかけ、教室内の机を動かし、広い空間をつくります。クラス全体で１つの輪になり、教師もその一人として手をつなぎます。

　「ゆっくり歌いながら歩くから、みんなも一緒に歩きながら、先生のまねっこして歌ってね。」と語りかけ、遅いテンポで「ひーらいた、ひーらいた…」と歩き出します。ここでは、一方向にぐるぐると歩くだけの動きにとどめておくほうが、うたを模唱することに集中しやすくなります。遊び方には、輪を大きくする・小さくする、しゃがむ・立ち上がるなど、いろいろなパターンがありますが、最初はシンプルなものにしておきましょう。やさしい声で語りかけるように、ゆっくりとアカペラで歌いかけます。わらべうたは日本の伝統的な音楽であり、いわゆる歌曲のような発声で歌う必要はありません。教師と子どもが歌いやすい音域で、話し声に近い発声で歌ってみてください。

　これを何度か繰り返しましょう。子どもたちが歌えるようになってきたら、ダウンロード資料のスライドを投影します。「いま歌ったうたの歌詞が、○の中に入ります。どんなうただったかな？」と問いかけます。

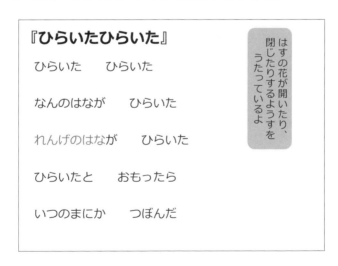

○○○た　○○○た

○○○た　○○○た

○○○○○が　○○○た

○○○の○○が　○○○た

○○○たと　おもったら

○○○○○○　　○○○○

何とうたっていたのかな？

子どもたちは口々に、覚えている部分を答えるでしょう。ここで、**範唱を聴いて歌ったり、模唱・暗唱したりする技能**を評価します。ダウンロード資料のスライドを印刷して配布してもよいですね。おおよそ答えが出そろったら、すべての歌詞の書かれたスライドを投影しましょう。

『ひらいたひらいた』

ひらいた　　ひらいた

なんのはなが　　ひらいた

れんげのはなが　　ひらいた

ひらいたと　　おもったら

いつのまにか　　つぼんだ

はすの花が開いたり、閉じたりするようすをうたっているよ

このうたに登場する「れんげのはな」は、野に咲くレンゲソウの花ではなく、沼や池で咲くハスの花のことです。写真などでハスの花を紹介しましょう。また、この花は、徐々に花弁が開くのではなく、つぼみの状態から、「パ

110

ッ」と一瞬で開くところに特徴があります。インターネット上には、愛好家の撮影したハスの花の開花の動画もあります。それを皆で視聴し、『ひらいたひらいた』のイメージを広げてみるのもよいでしょう。

（2）どうしたらきれいな輪でいられる？拍の気づきへ

さて、ぐるぐると回りながら歌うときに、子どもたちの歩調が拍に合った一定のテンポのものでないと、円がくずれてしまったり、手をつないでいられなくなったりします。特に低学年の子どもにおいては、楽しい気持ちの高まりによって必要以上の大声を張り上げたり、歩くスピードが速くなったりし、拍への同期ができなくなる様子がよく見られます。

そこで、拍を意識しながら歌う活動に取り組んでみましょう。まず「どうやって歩いたら、きれいな輪のまま、ぐるぐる回れるのかな？」と問いかけます。そして、次のスライドを投影します。

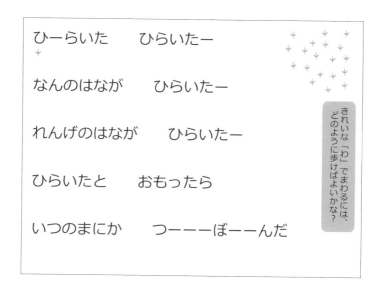

このスライドは、スライドショーとしてではなく、パワーポイントの編集画面で投影してください。そして、足あとのイラストをカーソルで選択して、「次はどこかな？」「ここかな？」とドラッグして動かしながら、拍の頭のところに移動させていきます。子どもたちには「その場で足を動かして考えてみて」と働きかけ、身体を使いながら考えるように促します。

このようにして、音楽の要素の1つである「拍」を視覚化します。足あとを置き終えたら、子どもたちの実態に合わせて「これを"拍"と言います。」と解説してもよいでしょう。

子どもたちが徐々に拍の頭の位置、その流れに気づき、理解していると判断できたら、次のスライドを投影します。「それでは、その場でゆっくり足踏みしながら歌ってみましょう。」と声をかけます。

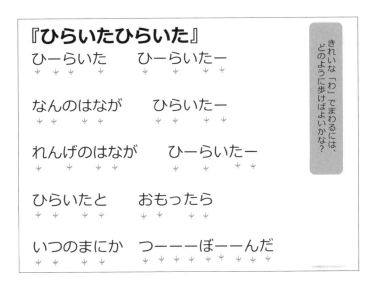

スライドでは、足あとがアニメーションになっています。音楽に合わせて、キーボードをクリックすると、足あとが一つずつ増えていきます。確認しながら歌うとよいでしょう。

何度か繰り返して歌ううちに、このうたのつまずきやすいポイントである、「いつのまにか　つぼんだ」の部分の音の長さ、拍の取り方を、徐々に感じ取り、自信をもって歌えるようにもなるはずです。

(3) 拍を意識しながら歩いて歌おう

「最後に、足あとのところ（「拍」と言ってもよい）を意識しながら、もう一度遊んでみましょう」と言って、再度輪になり、『ひらいたひらいた』で遊びます。「ひらいたと思ったら」で輪を広げたり、「つぼんだ」のところで輪を縮めたりして動きに変化をつけましょう。ここで、子どもの歩調から、

拍を感じとって身体表現しているかを評価することができます。

（4）発展：歌い方・遊び方を工夫しよう

　さらに、シンプルな旋律を生かしていろいろな歌唱表現の工夫に挑戦することもできます。

- ・足を高くあげて行進するように歩きながら「元気な声で『ひらいたひらいた』」
- ・足をそろりそろりと踏み出しながら「やさしい声で『ひらいたひらいた』」
- ・しゃがんで歩きながら「小さな声で『ひらいたひらいた』」

　など、身体表現と歌唱表現を連動させて行いましょう。グループに分かれて動き方を考える活動もよいですね。ここでは、**表現を工夫し、どのように歌うかについて思いをもっているか**を評価することができます。

　最後に、「輪を大きくするところで声を大きく、輪を縮めるところで声を小さくしてみよう」など、1曲の中で歌い方を変化させる歌唱表現の工夫に挑戦するのもよいですね。

お祭りのなぞにチャレンジ

日本の音楽×小学校中学年・高学年向き

 ## 1 郷土の音楽の見つけかた

「地元に郷土の音楽がないのですが、どうしたらいいですか。」という言葉
をよく耳にします。実際には、「ない」のではなく、「消失した」というのが
事実かもしれません。かつて日本は、農業や林業、漁業などの第一次産業に
従事している人がほとんどでした。いずれも、自然の影響を大きく受ける産
業です。日照り、疫病など、自身の力ではどうにもならないことがたくさん
ありました。そこで、生まれたのが神仏への信仰、すなわち、祭りです。お
祭りの語源は、神仏を「祀る」ことです。各地では、五穀豊穣を願う春祭り
や、疫病払いを願う夏祭りなどが生まれました。これが、今に伝わる山車や
神楽、獅子舞などの地域の伝統的な行事や芸能です。

また、第一次産業は、地域の人々の協力によって成り立っていました。例
えば、田んぼに水を引く際に必要な用水路を一人でつくることはできません。
さらに、今のようにトラクターなどもなかったので、地域が協力して田植え
や稲刈りを行う必要がありました。祭りは、お互いをねぎらう場でもあった
のです。

しかし、産業の構造が変化すると様子は一変します。田畑は工場や住宅地
に変わりました。人々は第二次産業、第三次産業に従事するようになりまし
た。こうして祭りを行う必然性は失われたのです。一方で、桜まつり、雪ま
つり、花火大会など、神仏と関係のない市民の祭りが生まれました。

このように、かつては、そこかしこで行われていた祭りの多くは、消失し
てしまいました。しかし、これらの祭りが保存されている場所があります。
それは、教育委員会の中の文化財をあつかう部署です。文化財保護課などの

部署では、各都道府県や市町村の祭りの調査や、無形民俗文化財の保護指定を行っています。そのため、お祭りの音楽、映像、楽譜などが保存されていることがあります。お困りの方は、たずねてみましょう。

 # 2　日本の楽器の音みつけ

　郷土の音楽の一つに祭囃子があります。山車から笛や太鼓、鉦の音が聴こえてくると、まさに「日本の祭り」という感じがしますね。また、神楽や獅子舞などの伝統芸能を演じるときに使われる音楽も郷土の音楽の一つです。祭りにいくと、山鉾や舞、所作などに目がいってしまいがちなりますが、音楽にも着目できるとよいですね。ここでは、祭りの音楽、特に楽器に着目した鑑賞の授業を紹介します。事前に祭りの音楽の映像を準備しておきましょう。自分で録画したもので構いません。なお、郷土の芸能で使われる楽器の呼びかたは、地域によって異なります。例えば、北九州市の小倉祇園太鼓で使われる「摺り鉦」は、「ぢゃんがら」と呼ばれます。楽器の名前は地元の方に確認するとよいでしょう。

（1）導入

　「今日は教科書に載っていない音楽を聴きます。これは何の音楽だと思いますか？」と言って、音源を流します。最初は、映像を見せずに、音だけを聴かせましょう。子どもからは「お祭りの音楽！」という声が返ってくるでしょう。地域のお祭りの場合は、より具体的に「〇〇の音楽」などの言葉が出てくるかもしれません。

（2）楽器の音を聴き分ける

　音をたよりに、どんな音が聴こえてきたかを考えさせます。楽器の名前はわからなくて構いません。音を言葉（オノマトペ）で表して、発表させましょう。

（3）楽器の形を想像し、絵に表す

　教師は、子どもの発言を楽器ごとに整理しながら、黒板に板書します。再度、音源を流して、途中で止めながら音を確認するとよいでしょう。下図のような板書になります。

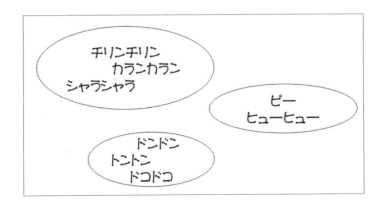

　次に、それぞれの楽器の形を想像させて、ノートに絵を描かせます。

（4）楽器の形を確かめる

　映像を見ながら、子どもたちが想像した楽器の形と、実際に使われている楽器の形をくらべます。写真を見せてもよいでしょう。また、学校に楽器が

ある場合は、直接見たり、触ったりすると興味が増します。その上で、映像を見て、演奏方法を確認させましょう。

どんなかたちの楽器かな？
絵をかいて考えよう。

えいぞうや写真をみて
楽器のかたちを
かくにんしましょう。

（5）楽器に合わせて手拍子を打つ

楽器にあわせて手びょうしを
してみましょう。

気がついたことはあるかな？

　楽器の音が確認できたら、映像を流しながら、手拍子をさせます。いずれかの楽器に着目させるとよいでしょう。手拍子ができる楽器とできない楽器があること、速さが変化していることなどがわかります。わかったこと、気

づいたことをノートに書かせましょう。ここが**知識の評価のポイント**になります。

また、郷土の音楽には繰り返しのリズムや旋律が多くみられます。繰り返しのフレーズを見つけて、「何回繰り返しているか。」「速さは変化しているか。」などに着目させてもよいでしょう。その上で、「なぜ繰り返していると思うか。」「なぜ、だんだん速くなったのか。」などを考えさせます。**思考・判断・表現の評価のポイント**になります。

その際、「タリラリラーンのフレーズ」「タンタカタンのリズム」のように、音を言葉にして説明させるとわかりやすいでしょう。

（6）祭りのルーツを知る

音楽に興味をもたせたところで、お祭りや囃子のルーツについて話します。それぞれの祭りのルーツは、本やインターネットで事前に調べておきましょう。郷土の芸能には、恋物語など、子どもたちの興味をひくストーリーも多くあります。文化と関わらせて郷土の芸能を理解させましょう。子どもたちに調べさせることもできますね。

（7）感想を書く

授業の最後に感想を書かせましょう。「好きだったところ」「おもしろかったこと」などを具体的に書かせるのが、**思考・判断・表現の評価のポイント**になります。

第3節 民謡の継承者はぼくだ！

日本の音楽×小学校高学年・中学校向き

 ### 1 正しい民謡はない

　「日本民謡の歌い方は難しくてわからない。」という話を耳にすることがあります。日本民謡の正しい歌い方とは、どのようなものでしょうか。「喉声で、こぶしをきかせて……。」うーん。まちがってはいないものの、正解ではありません。では、次の問いかけはどうでしょうか。「今から本物の『ソーラン節』を聴きましょう。」実は、これも正しくはありません。『広辞苑』（岩波書店、2018年）をみると、民謡は「民間の俗謡。庶民の集団生活の中で生まれ、多くの人々に長く歌いつがれ、生活感情や地域性などを反映している。」と書かれています。つまり、自然発生的に人々の中で生まれ、人々の間で歌いつがれたものが民謡なのです。もちろん、日本民謡は日本で生まれたものですから、歌詞や旋律、歌い方に日本的な要素は入っています。しかし、民謡に作曲者はいません。また、歌い方や歌詞も決まっていません。民謡に「こうでなければならない」という決まりはないのです。独特の発声やこぶしなどは、民謡の歌い方の一つにすぎません。「正しい民謡」は存在しないのです。

　また、民謡の特徴の一つに変容性があります。人々の間で自然に生まれた民謡に楽譜はありませんでした。そのため、民謡は口から口に伝えられました。その過程では、歌詞が変わったり、誰かがどこかで聞いたメロディが加えられたりすることもありました。また、それぞれの時代の流行にのった歌い方で歌われることもありました。「正しい民謡」が存在しない理由は、ここにあります。つまり、「正調」と呼ばれる民謡も、ある時期に誰かが歌っていた民謡を「正調」と呼んでいるだけなのです。

私たちは、ついつい、正調と呼ばれる民謡、教科書に掲載されている民謡、民謡歌手が歌っている民謡などを本物の民謡と思いがちです。しかし、調べてみると、民謡には、実にいろいろな歌詞や旋律があることがわかります。教科書に掲載されている民謡や、メディアで耳にする民謡は、その中のほんの一部にすぎません。例えば、熊本県の民謡、『五木の子守歌』には70種類以上の歌詞があります。興味がある方は調べてみてください。

 ## 2　私たちの民謡をつくろう

　人々は地域の中で、娯楽としてさまざまに民謡の歌詞をつくりかえ、歌い合うことで継承してきました。ということは、私たちが歌詞を替えて歌ってもよいということになりますね。これもまた、民謡の継承だといえます。ここでは、地域や学校、生活の様子を歌った歌詞を創作して歌う授業を紹介します。地域の民謡を教材にすることで、子どもたち自身が民謡の継承者であるという意識を育てることもできます。

(1) 導入

　最初に曲名当てクイズをします。「歌詞をよーく聴いてみよう。」と声をかけ、『ソーラン節』の音源を流します。音源は教科書付属の CD など一般的なもので構いません。「ヤーレンソーラン」の言葉を確認しましょう。手を挙げさせるとよいでしょう。

この曲のタイトルはなんでしょうか？

1　ハイハイ節

②　ソーラン節

3　ヤーレン節

（2）民謡の成立を考える

　『ソーラン節』がどのように生まれたのかをクイズ形式で考えさせます。うたの歌詞を聴き取らせ、手がかりにするとよいでしょう。

この曲は何をしている場面を
あらわしているでしょう？

1　酒づくりをしている場面

2　木を切っている場面

③　魚をあみでひいている場面

　ここで、『ソーラン節』がニシン漁の作業うたであること、北海道で歌われていたことなどを話します。

（3）『ソーラン節』の比較聴取

　『ソーラン節』の比較聴取をさせ、それぞれの楽曲の特徴を考えさせます。ここでは、3〜4種類の『ソーラン節』を準備します。民謡歌手の三橋美智也やビクター少年民謡会が歌ったもの、運動会などでよく耳にする伊藤多喜雄の『TAKIOのソーラン節』、合唱曲の『ソーラン節』、その他、ポップス調にアレンジされたもの、また、『ソーラン節』の元歌とされる『沖揚げ音頭』を聴かせてもよいでしょう。異なる歌詞や曲調の『ソーラン節』を聴かせるのがポイントです。

どれが本物のソーラン節かな？

どんな人？　何人？
どんな声？　どんな楽器？

　ここで、それぞれのうたの特徴を聴き取らせましょう。そして、1つめ、2つめ、3つめのうたのどれが本物の『ソーラン節』だと思うかを考えさせます。そして、どれも正解であること、民謡は時代によって変わること、を説明します。

（4）地域の民謡をうたう

　「『ソーラン節』は北海道の民謡です。実は、みなさんが住んでいるここにも民謡があります。」と言って、地域の民謡を紹介します。地域内にない場合は、市町村、また、都道府県内の民謡でも構いません。子どもたちが知らない場合は、「え？北海道の民謡はわかるのに、地元の民謡を知らないの？」などと言いながら、CDなどの音源を聴かせましょう。そして、事前に準備した歌詞カードなどを配り、音源と一緒に歌います。発声などを気にする必要はありません。何度か歌って覚えましょう。このときに、地域の民謡のルーツなどにも触れるとよいでしょう。

（5）替えうたをつくる

　歌えるようになったら、教師が替えうたの手本を見せます。今の学校の様子、街の様子などを歌いましょう。「○年○組はみんななかよし」「緑がいっぱい」「ビルがたくさん」などの言葉を入れるとよいでしょう。教師のうたを聴くことで、子どもたちはやる気まんまんになります。また、具体的な活動のイメージをもつこともできます。子どもたちがノッてきたところで、子どもたちにも歌詞を考えさせましょう。ここからはグループ活動に入ります。

最初に、山や川、公園や店の名前など、キーワードを考えさせましょう。

キーワードを考えたら、地域の民謡の旋律に合わせて、うたをつくります。思いや意図をもって、うたをつくる活動からは、**思考・判断・表現を見取る**ことができます。また、旋律やリズムに合うように歌詞をあてはめ、歌うことは、**技能の評価のポイント**となります。

（6）グループ発表をしよう

完成したら、グループで発表させて交流します。中間発表を位置づけてもよいでしょう。地域の方との交流の場などで発表できると、さらに盛り上がります。

本実践は歌詞の変容に視点をあてました。子どもたちの実態によっては、リズムを変えさせたり、歌い方の工夫をさせたりすることもできます。

第7章

評価ができる
世界の音楽の授業のネタ

第1節 ワクワク 楽器の音づくり

世界の音楽×小学校低学年・中学年

 ### 1 かたちが変わる世界の楽器

　日本の伝統音楽で使われる楽器のひとつに三味線があります。この三味線、実は日本の伝統音楽の楽器として発明されたものではありません。本当のことははっきりしていませんが、琉球の「三線（さんしん）」を改良したものが三味線だと言われています。「三線」は、鉄砲伝来のころに琉球から大阪に伝えられました。「三線」には、ヘビの皮が張られています。しかし、日本の本土では、大蛇の皮を手に入れるのが大変なこともあり、猫や犬などの皮が使われるようになりました。さらには、音量を上げたり、音域を広げたりするために、大きな胴、棹の長い、今の三味線の形となりました。また、牛の角でできた爪ではなく、バチが使われるようになりました。楽器は、それぞれの地域の人々の生活や嗜好に合うように変化していくのです。

　世界各地にある太鼓にもさまざまなものがあります。太鼓の皮膜をみてみましょう。日本の和太鼓は牛の皮が張られています。沖縄のエイサーで使われるパーランクーと呼ばれる太鼓には、牛以外に、水牛や豚が使われることもあります。奄美のチヂンとよばれる太鼓には、牛や馬の毛がそのままついています。その他、イラクのナッカーレはラクダ、インドのカンジーラはトカゲ、中国ウイグル族のダプにはヘビの皮が使われていたりもします。楽器は、人々の生活や文化の影響が大きいことがわかりますね。世界の楽器を学ぶことは、世界の文化を学ぶことにつながるのです。

2　マラカスを使った音みつけ

　ペットボトルを使ってマラカスをつくります。どうしたら、本物のマラカスの音に近づくことができるのか試行錯誤的に考えさせます。ペットボトル、ビニールテープ、中身（砂、米、ガラスビーズ、プラスチックのビーズ〈アイロンビーズ〉、ビー玉など）を準備しておきましょう。楽器は、材料や構造が異なれば違う音がすること、音楽にはふさわしい音色があること、などを理解させます。

（1）マラカスの音に気づく

どのがっきの音が きこえたかな？

1　しゃくはち　　　2　マラカス　　　　　3　ピアノ

　最初にラテン音楽を流します。「テキーラ」でおなじみの『マンボNO.5』や、『ブラジル（Aquarela do Brasil）』など、マラカスの音が聴き取れるものを選びましょう。そして、「尺八」「マラカス」「ピアノ」の中から、どの音が聴こえたかを考えさせます。「マラカス」の答えが出てきたら、「どんな音だった？」と問いかけましょう。「シャカシャカ」などの答えが出てくるといいですね。可能であれば、映像を見せて答え合わせをします。

（2）マラカスの音を確認する

　ここで各グループに、マラカスを1本ずつ渡します。おもちゃではなく、楽器としてつくられているマラカスを渡してください。子どもに自由に触らせて、音色を確認させましょう。マラカスは本来、「マラカ」の木の実を乾

かしたものでつくられますが、本物でなくても構いません。いわゆるラテン楽器のマラカスの音色に似ていればOKです。

（3）マラカスそっくりの音をさがそう

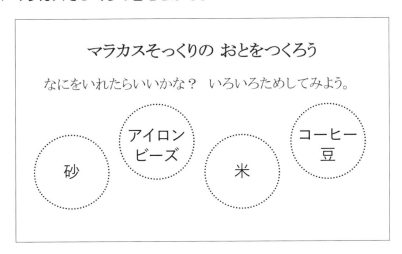

準備した材料をペットボトルに入れて、何を入れたときに本物のマラカスに一番近い音がするかを考えさせます。

次のようなワークシートを準備するとよいでしょう。

なかみ	どんなおと	そっくり度
すな	サラサラなど…	○　△　×

本物のマラカスの音と比較しながら、何を入れたらよいかを考えさせます。量を工夫したり、いくつかの材料を混ぜたりしてもよいことを指示します。ここでの活動が**思考・判断の評価のポイント**です。「砂を入れたときは音が小さい。」「ビー玉を入れたときは、シャカシャカにならない。」などを見つけられるといいですね。

可能であれば、ペットボトルだけでなく、紙コップや缶、竹筒、塩ビ管な

どを準備するとよいでしょう。素材による音の違いをよりいっそう感じ取らせることができます。

（4）ラテン音楽に合わせて演奏しよう

ここでもう一度、（1）の音楽を流します。音楽に合わせ、「どの音が、ぴったりするかな？」と声をかけましょう。子どもたちには、さまざまな音のマラカスを振らせてみましょう。シャカシャカ音のマラカスがぴったりだということを実感できるはずです。ここが**知識の評価のポイント**です。最後は、ラテン音楽にぴったりの音がするマラカスを音楽に合わせて演奏しましょう。

（5）世界の楽器を知る

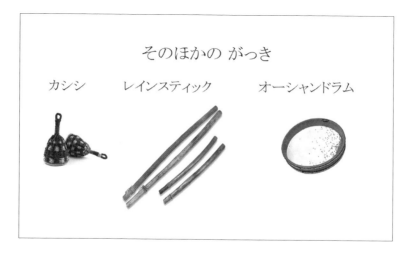

最後に、世界のさまざまな楽器を見せましょう。マラカスと同じようなつくりの楽器を例にあげるとよいでしょう。そして、これらの楽器が使われている演奏を聴いたり、音を聴いたりします。インターネット上では、それぞれの楽器を分解した写真や演奏している動画などもあります。音楽とそれにふさわしい楽器や音色との関係に気づけるといいですね。

第2節 絹の糸と羊の腸 これなあに？

諸外国の音楽×小学校中学年・高学年向き

1 民族によって音楽が違う理由

　12月に入ると、ショッピングモールはクリスマス一色になります。サンタクロースやツリーなどのディスプレイ。そしてクリスマスソング。『ジングルベル』や『赤鼻のトナカイ』などがひっきりなしに聞こえてきます。ところが、25日が過ぎると、途端にお正月モードです。よく耳にする音楽は『春の海』。箏と尺八によるお正月の定番BGMです。

　『ジングルベル』『赤鼻のトナカイ』はどちらもアメリカで生まれた音楽です。それでは、『春の海』はどうでしょうか？「なに、あたりまえのことを言っているの！　日本の音楽に決まっているじゃない。」はい。そのとおりです。では、どうして日本の音楽だとわかるのでしょうか。確かに中国の音楽を聴くと、中国っぽく、アフリカの音楽を聴くと、アフリカっぽく聴こえますね。また、同じ日本の音楽でも、沖縄の音楽を聴くと、沖縄っぽく聴こえます。

　それぞれの国の音楽が「らしく」聴こえる理由はいくつかあります。例えばリズムです。サンバやタンゴなどのラテン音楽のリズム、スウィングなどのジャズのリズムなど、リズム伴奏を聴くだけでも、どこの国の音楽か想像がつきますね。また、沖縄のリズムも独特です。沖縄では大勢の人が集まると、今でもカチャーシーをよく踊ります。カチャーシーは、両手を高く上げ、音楽に合わせて手首をひねりながら踊るおどりです。琉球音楽のライブなどで一緒に踊ったことがある人もいると思います。『谷茶前』『ハイサイおじさん』などは、その代表曲です。カチャーシーで演奏される付点のリズムは、島の周りの波のリズムだと言われています。沖縄の独特のリズムには、島の

生活が反映されているのです。

　また、民族によって音階が違うこともよく知られています。「ドレミファ
ソラシド」は西洋の音階です。ディアトニック音階と呼ばれることもありま
す。日本では、「ドレミファソラシド」の４番目の音（ファ）と７番目の音
（シ）を抜いたヨナ抜き音階「ドレミソラ」で、多くの唱歌や童謡、演歌な
どがつくられています。琉球音階、または沖縄音階と呼ばれる音階は、「ド
ミファソシ」で構成されています。

　楽器も同じです。『春の海』で用いられる箏や尺八、『スーホの白い馬』で
登場する馬頭琴など、それぞれの民族は特徴的な楽器を持っています。

　このように、音楽は国によって、民族によってさまざまに違いがあります。
民族による音楽の違いは、それぞれの国の生活や文化と深く結びついていま
す。音楽の背景にある生活や文化についても目を向けると、よりいっそう音
楽の世界が広がりますね。

 ## 2　世界の楽器の音くらべ

　ここでは世界のさまざまな楽器の形や音、演奏方法に着目する授業を紹介
します。準備するものは、箏で演奏した『さくらさくら』の音源、ギターで
演奏した『さくらさくら』曲の音源、諸外国の音楽の音源です。諸外国の音
楽の音源は、東アジア、西アジア、ヨーロッパ、北アメリカ、南アメリカ、
アフリカ、オセアニアなど、それぞれの地域から１曲ずつ選んでおくとよい
でしょう。民族音楽・ワールドミュージックなどの名称で、多くの CD が
発売されています。

（1）導入

　箏で演奏された『さくらさくら』の音源を使って、曲名あてクイズをします。

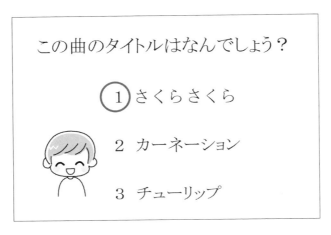

（2）楽器の音色に着目

　続けてクイズをします。国や楽器に着目させます。

　ほどんどの子どもは簡単に正解しますね。では、なぜそのように考えたのかを発表させましょう。「弦をはじくような音がしたから。」などの答えが出た場合、次のように問いかけます。「ギターも弦をはじいて音が出ますね。どうしてギターではないと思うのですか。」とたずねます。子どもたちは、いろいろと考えをめぐらせるでしょう。少し考えさせたあとに、ギター演奏の『さくらさくら』と箏演奏の『さくらさくら』を比較聴取させます。そして、それぞれの音色の感じがどのように違うかを、ノートやワークシートに

書かせます。ここが**知識の評価のポイント**です。

（3）楽器そのものに着目

「箏とギターの音が違う理由はなんでしょう？」と問いかけます。「弦。」という答えが出てくるといいですね。では、「ここで問題です。箏の弦はもともと何でつくられていたでしょうか。」と聞きます。

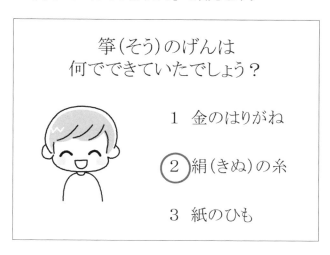

箏（そう）のげんは
何でできていたでしょう？

1　金のはりがね

②　絹（きぬ）の糸

3　紙のひも

　答えが「絹の糸」であることを確認します。そして、箏の弦は糸と呼ばれることがあること、絹糸はかいこから取れること、また、箏は爪で演奏すること、爪は象牙でできていること、などを話します。かいこやまゆの写真を見せてもよいでしょう。ちなみに、現在では、テトロンの弦が多く使われています。

　続いてギターについての問題を出します。子どもたちは「羊の腸」という答えにびっくりします。そこで、「ギターはヨーロッパで生まれた楽器であること。ヨーロッパには羊がたくさんいたこと。」などを話します。なお、現在はナイロン弦が多く使われています。二つの楽器の話を通して、楽器、文化、生活に大きな関わりがあることを理解させます。ここも**知識の評価のポイント**です。

ギターのげんは
何でできていたでしょう？

① 羊（ひつじ）の腸（ちょう）

2 くじらのひげ

3 馬のしっぽ

（4）世界のいろいろな楽器の音を聴く

　ここで、事前に準備しておいたいくつかの音源を聴かせ、どの楽器が演奏しているかをたずねます。ダウンロード資料のスライドでは３つの楽器を例示していますが、実際の授業のときには、聴かせる音楽の楽器に差し替えてください。楽器の写真は民音音楽博物館のホームページなどを参考にするとよいでしょう。

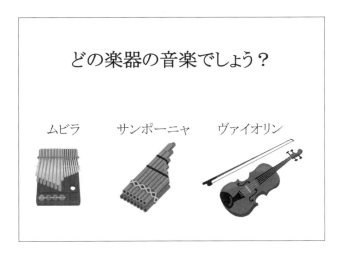

どの楽器の音楽でしょう？

ムビラ　　　サンポーニャ　　　ヴァイオリン

　子どもたちに、音色、演奏方法を想像させながら聴かせましょう。また、なぜ、その楽器だと思ったのか、理由も書かせましょう。ここが**思考・判断・**

表現のポイントになります。

（5）調べ学習

　それぞれの楽器について、①どこの国の楽器か、②何でできているか、③どのように演奏されているか、をインターネットで調べさせます。ここが、音楽、文化、生活を結びつけさせる大事な活動です。ペアで取り組むとよいでしょう。ここでは、**主体的に学習に取り組む態度について評価する**ことができます。時間があれば、楽器の数を増やしてもよいでしょう。

（6）好きな楽器についての感想を書く

　調べた楽器の中から好きな楽器を一つ選び、感想を書かせます。その楽器のどこがおもしろかったか、どこが好きだったか、などを書かせるとよいでしょう。

選んだ楽器（　　　　　　　　　　　　　　　　）

好きなところ

おもしろかったところ

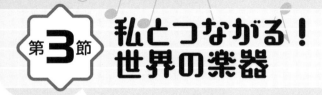

世界の音楽×小学校高学年・中学校向き

 ## 1 文化との関わりを学ぶ

　日本だけでなく世界にはたくさんの素敵な音楽があります。また、教科書にもさまざまな国の音楽が紹介されています。ですが、子どもたちは、「世界の民族音楽」と聞くと、どこか「自分とは遠い世界の音楽」というイメージをもってしまうようです。いかに、自分に引き寄せて「私たちの生活や社会に息づいている音楽」と関連づけて理解させるのか、その音楽の意味や価値を感じさせるのかが大事なポイントとなります。

　平成29年告示の小学校学習指導要領では、音楽科の目標には「生活や社会の中の音や音楽と豊かに関わる」ことが示されています。また、中学校には、「音楽文化と豊かに関わる」ことが書かれています。では、諸外国の音楽に関する内容にはどのようなものがあるのでしょうか。鑑賞教材例をみてみましょう。

第1学年及び第2学年	我が国や諸外国の音楽を<u>身近に感じる</u>ことができるわらべうたや遊びうた
第3学年及び第4学年	和楽器の音楽を含めた我が国の音楽，郷土の音楽，諸外国に伝わる民謡など<u>生活との関わり</u>を捉えやすい音楽
第5学年及び第6学年	和楽器の音楽を含めた我が国の音楽や諸外国の音楽など<u>文化との関わり</u>を捉えやすい音楽

（下線は筆者による）

　「身近な音楽」から「生活との関わりを捉えやすい音楽」へ、さらには「文化との関わりを捉えやすい音楽」へと、系統的な学習指導が求められていることがわかります。これは、社会科などの学習とも関わらせた、小学校段階

から中学校段階への学びの広がりや深まりをねらったものだと言えます。自国の音楽からスタートして諸外国の音楽へと、世界を広げていけるといいですね。

2　遠い世界の音楽を自分と近づけて聴き味わう

（1）導入（一斉・個）

　世界の音楽について考える前に、まずは私たちの国の音楽にどのようなものがあるのかを振り返りましょう。民謡やわらべ歌、雅楽や箏、尺八の音楽など、本題材の前に取り扱っていると導入としてスムーズです。

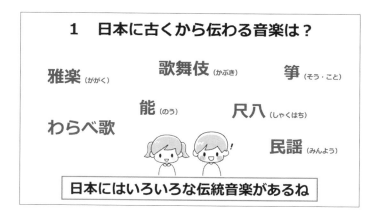

本授業では、宮城道雄が作曲した『春の海』の鑑賞との関連づけを図りました。『春の海』で使われる箏と尺八はどちらも我が国の伝統的な楽器です。そして、その音色は異なった味わいがあります。

　まずは、演奏方法に着目させます。子どもたちは低学年の段階から、さまざまな楽器を手に取って触り、その素材を感じ、奏法の違いによってさまざまな音色の変化があることを感覚的につかんでいます。ここでは、その感覚を言語化し、音色についての理解を深めます。また、自分たちも演奏したことのあるリコーダーなどの身近な楽器と比較します。

　そして、「世界の楽器にも、○○っぽい音ってあるのかな？」「演奏方法が同じでも違う音がする楽器はあるかな？」と声をかけましょう。これにより、子どもたちは世界の音楽や楽器を日本の楽器とつなげて、感じ取ることがで

きます。

（2）鑑賞する視点や担当を決める（一斉→グループ）

　教科書には、鑑賞教材として世界の音楽が掲載されています（それでもほんの一部なのですが）。時間があればすべての音楽を取り上げて鑑賞したいのですが、なかなか難しいのが現実です。そこで、本事例では、思考・判断のよりどころを「楽器の音色」に焦点化し、グループで調べ学習をします。これにより、聴く視点を明確にすることができます。また、グループで分担することで、役割意識をもたせるとともに、音楽のよさやおもしろさ、美しさを他者に伝える状況（必然性）をつくります。これが、主体的に鑑賞の学習に取り組む態度を促す動機づけになります。

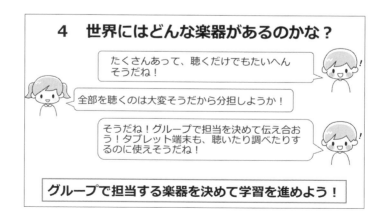

4　世界にはどんな音楽があるのかな？

でも、音楽のどんなところを伝えたらいいかな？

さっき、尺八とリコーダーの音色と演奏方法の特徴を比べたらわかりやすかったよね！

そうだね！**自分たちが知っている、演奏したことのある音楽や楽器と比べたりつなげたりする**とその楽器と自分がぐっと近づいて**つながる**感じがするね！

世界の楽器のよさや面白さを伝えるポイントを決めよう！

（3）音楽のよさなどを伝えるポイントを確認する（グループ）

　担当する音楽を決め、ここからはグループでの学習となります。大事なポイントは次の4つです。

①楽器の魅力が伝わるようなキャッチコピーを伝える。

②どんな音楽で演奏される楽器なのか、どんな歴史や意味がある楽器なのか簡単に説明する。

③その音楽や楽器と似ている、自分たちが知っている音楽や楽器をあげて、素材や演奏方法の違いを説明する。

④その楽器の音色のよさやおもしろさがわかる「聴きどころ」を紹介する。

4　世界にはどんな楽器があるのかな？

伝えるポイント

① 　**楽器の魅力が伝わるようなキャッチコピー**を伝える

② 　**どんな音楽で演奏される楽器なのか、どんな歴史や意味がある楽器なのか**簡単に説明する

③ 　その音楽や楽器と**似ている、自分たちが知っている音楽や楽器**をあげて、**素材や演奏方法の違い**を説明する

④ 　その楽器の音色のよさや面白さがわかる、「**聴きどころ**」を紹介する

世界の楽器のよさや面白さを伝えるポイントを決めよう！

4 世界にはどんな楽器があるのかな？ **伝えるポイント** <small>※「春の海」の鑑賞、器楽のリコーダーの学習と関連させて子どもたちが考えやすいよう「尺八」の例にしています。</small> ① 楽器の魅力が伝わるようなキャッチコピーを伝える **尺八**（しゃくはち）の例 　・「これぞ　日本を感じる息づかい！尺八のひびき」 　・「吹き込む息の音に無限の日本が広がる」 　・「一尺八寸の竹から生まれる多彩な音色の世界」 　「おっ！聴いてみたいな！」と思うキャッチコピーを工夫しよう！	**4 世界にはどんな楽器があるのかな？** **伝えるポイント** ② どんな音楽で演奏される楽器なのか、どんな歴史や意味がある楽器なのか簡単に説明する **尺八**（しゃくはち）の例 　・竹で作られている 　・「一尺八寸」という長さで作られていることから、尺八と呼ばれるようになった。 　・現在の形となったのは江戸時代で、虚無僧（こむそう）が托鉢（たくはつ）のために吹いていた。（※諸説あり） 　音楽の学習なので関連することがらについては「簡単に」でOKだよ！
4 世界にはどんな楽器があるのかな？ **伝えるポイント** ③ その音楽や楽器と似ている、自分たちが知っている音楽や楽器をあげて、素材や演奏方法の違いを説明する **尺八**（しゃくはち）の例　　　　　　**リコーダー** 　・リコーダーと同じように息を使って演奏する。 　・口にくわえるのではなく、口元にあてる感じ。 　・リコーダーよりも息を多く吹き込んで「ファーッ」という感じの音色になっている。 　・首を使って音をゆらしたりする。 　身近な楽器と似ている点（共通点）、違う点（相違点）を伝えよう！	**4 世界にはどんな楽器があるのかな？** **伝えるポイント** ④ その楽器の音色のよさや面白さがわかる、「聴きどころ」を紹介する **尺八**（しゃくはち）の例 　息の混じったような音色が聴きどころです。私は、尺八の魅力は息の入れ方がどんどん変わって、多彩な音色が生まれていて、日本らしい景色をイメージできるところだと思いました。息の入れ方を真似してみてください！ 　あなたが感じた楽器や音楽の魅力を伝えよう！

　ここで気をつけたいのは、グループごとの鑑賞の学習が単なる「調べ学習」にならないようにするということです。日本の音楽も含め、「伝統音楽」、「民族音楽」などというくくりで語られる音楽は、その音楽の周りにある生活や歴史、文化（文学や物語、美術や地理的な自然など）との関わりが目につきがちです。単に調べるだけでなく、音や音楽と結びつけて理解させることが大切です。

　そのための手だてが、③の自分たちが知っている音楽や、演奏したことのある楽器と関わらせて考えるという点です。具体的には以下のような比較が考えられます。

○「吹く」楽器～リコーダーなどと比較
　・バグパイプ　　　　・フォルクローレのケーナ
　・メヘテルハーネのズルナやボル
○「はじく」楽器～ギターや箏などと比較
　・フォルクローレのチャランゴ
○「擦る」楽器～ヴァイオリンなどと比較
　・モリンホール
○「たたく」楽器～打楽器、鍵盤打楽器などと比較
　・メヘテルハーネのダウル、キョス、ズィル　　　・ガムランの楽器

自分にとって身近な楽器と比較し、その違いを感じ取らせることができますね。これが知識の評価のポイントとなります。

（4）音楽のよさを伝える（グループ→一斉→個）

　グループで担当した音楽を伝え合います。ICTを活用するとよいでしょう。音や音楽を通して、そのよさを伝えましょう。

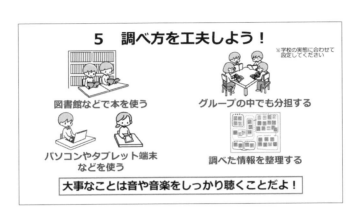

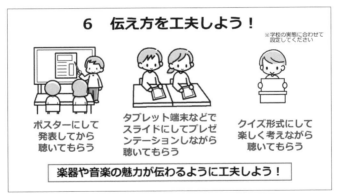

　最後に、それぞれが聴き深めた音楽についてのよさや美しさをまとめさせます。これらの活動から、思考・判断・表現及び、主体的に学習に取り組む態度を見取ります。

　本題材では、音楽のよさや美しさを味わうための思考・判断のよりどころを「楽器の音色」に絞りました。この学びをきっかけに、「声の音楽表現」や「声や楽器の重なった音楽の魅力」について深めるとよいでしょう。

第8章

特別の支援が必要な
子どもの評価

第1節 個別の評価のあり方

　近年、子どもの数は減る傾向にあります。一方、特別の支援が必要な子どもの数は増える傾向にあります。特別の支援が必要な子どもの評価はどのように行えばよいのでしょうか。ここでは、小学校・中学校に在籍する特別支援教育対象の子どもの評価を中心に説明します。ここでいう特別支援教育の対象の子どもとは、文部科学省の考え方に基づいて、視覚障害、聴覚障害、知的障害、病弱・身体虚弱、肢体不自由がある子どもや、発達障害〈学習障害（LD）・注意欠陥／多動性障害（ADHD）、高機能自閉症など〉がある子どもをさします。

　それではまず、小学校・中学校で行われる特別支援教育と特別支援学級の関係について整理しておきましょう。特別の支援が必要な子どもの支援方法には、大きく次の四つがあげられます。

パターン1

特別支援学級

※一日のほとんどを特別支援学級で過ごす。

パターン2

特別支援学級	＋	通常学級

※特別支援学級での学習とあわせて、ホームルームや給食、音楽や体育、得意な教科などは通常学級で過ごす。

パターン3

通常学級	＋	通級指導教室

※一日のほとんどは通常学級で過ごす。週に数時間、通級指導教室で指導を受ける。

パターン4

> 通常学級

※一日のほとんどを通常学級で過ごす。

　特別支援学級に在籍するか、通常学級に在籍するか、通級指導教室に通うかなどは、保護者や子どものニーズ、及び障害の程度などによって決まります。また、ふつう公立の小学校・中学校の特別支援学級は8人を標準に学級編制が行われます。特別支援学級には、障害がある子どもたちが在籍できます。知的障害、肢体不自由、情緒障害など、障害の種別によって学級が分けられることもあります。

個別の指導計画と評価

　特別の支援が必要な子どもに対しては、一人ひとりに「個別の教育支援計画」と「個別の指導計画」を立てることが義務づけられています。

　「個別の教育支援計画」とは、長期的な視点をもってつくられる支援の計画です。医療、福祉、労働機関などと連携を図るために、乳幼児期から学校卒業後までを見通して作成します。

　「個別の指導計画」は、指導を行うための具体的な計画です。単元や学期、学年ごとに作成します。わかりやすく言えば、通常学級で作成する年間指導計画や題材計画に、合理的配慮等を盛り込んだ個別版だということになりますね。個別の指導計画を作成する際には、子どもの実態を把握し、障害の程度や特性

〔様式例3〕　**個別の指導計画（　　学期）**

児童生徒名				年　組		年　　組
担任名				作成日		年　月　日

年間目標	○ ○		
	1学期	2学期	3学期
学期目標			
指導目標			
指導内容・指導方法			
児童生徒の様子・評価			

様式例：福岡県

に応じた課題を設定することが大切です。その際、気にかけたいのは、「できることをさらに伸ばす。」ということです。教師は「できないことをできるようにする。」という観点で、ついつい指導計画を立ててしまいがちです。指導計画は、子どもを伸ばすためのものです。「できることをさらに伸ばす」という視点をもちたいものです。

　個別の支援計画や個別の指導計画の様式については、各都道府県の教育委員会などの HP などで公開されています。参考にしてください。

通常学級と特別支援学校・学級のカリキュラムの違い

　次に、通常学級と特別支援学校・学級のカリキュラムの違いを押えておきましょう。特別支援学校のカリキュラムは、特別支援学校学習指導要領に基づいて作成します。知的障害がなく、学年での学習の内容に困難がない子どもの場合は、小学校・中学校の学習指導要領に基づいて作成します。学年の内容を学習することに困難がある場合は、下学年の教科の目標や内容に変えたり、特別支援学校学習指導要領の内容に変更したりして作成します。

　通常学級と特別支援学校・特別支援学級のカリキュラムの大きな違いは、「自立活動」が位置づけられていることです。自立活動とは、学習や生活をする上での困りごとを改善したり、克服したりするための活動です。肢体不自由の子どもの機能訓練や、自閉症や情緒障害の子どもの社会性を育てる活動などがこれにあたります。

　また、教科の学習内容にも違いがあります。音楽科の内容をみてみましょう。次の表は、小学校及び中学校の学習領域を整理したものです。

小学校学習指導要領	特別支援学校学習指導要領
A表現 「歌唱」「器楽」 「音楽づくり」	A表現 「音楽遊び」「歌唱」「器楽」 「音楽づくり」「身体表現」
B鑑賞	B鑑賞

特別支援学校には、「音楽遊び」及び「身体表現」の領域があることがわかります。「音楽遊び」とは、楽器の音に興味を示したり、楽器で遊んだり、音楽に合わせて身体を揺すったり、声を出したりする活動です。「身体表現」は、音やリズムを身体で感じ取って、示範をまねしたり、教師や友だちと一緒に身体を動かしたりする活動です。「身体表現」では、「リトミック」や、「さくらさくらんぼのリズム遊び」などの活動が行われることもあります。

「リトミック」は、エミール・ジャック＝ダルクローズが考えた音楽教育です。音楽に合わせて動いたり、音楽を聴いて即興的に何かを表現したりする活動などがあります。「さくらさくらんぼのリズム遊び」は、斎藤公子が考えたリズム指導です。「さくらさくらんぼ保育園」で行われたことから、このような名前がついています。子どもの手、足、頭を、楽しい音楽に合わせてリズミカルに動かすことで、子どもの発達を促します。興味がある方は調べてみるとよいでしょう。

学習の目標や評価規準設定の目安

それでは、特別の支援が必要な子どもに対して、どのように学習の目標や評価規準を設定すればよいのでしょうか。ここでは、知的障害の子どもの目標や評価規準の設定についてお話します。

知的障害がある子どもの場合、学年の目安となるのは IQ です。IQ ×生活年齢÷100が子どもの知的発達の目安です。IQ が60の子どもの生活年齢が10歳であれば、知的発達の目安は 6 歳ということになります。小学校第 1 学年の目標を参考に、評価規準を設定するとよいでしょう。ただし、IQ だけに頼るのは考えものです。IQ は、あくまでも、その時点で受けた検査の結果を反映しているに過ぎません。また、知的障害以外の何らかの理由で、IQ が低くなってしまうこともあります。実際の子どもの様子を見取ることが大切です。

また、特別支援学校学習指導要領（知的障害）は、学年ではなく発達段階別に、学習の目標や内容が示されています。こちらを参考にしてもよいでしょう。小学部は 3 つの段階、中学部は 2 つの段階に分けられ、それぞれに目標が示されています。段階で示される理由は、同じ学年であっても、子ども

によって障害の程度や特性が異なることがあるからです。特別支援学校学習指導要領（知的障害）に示されている小学部各段階における障害の程度を簡単にまとめたものが次の表です。

小学部

1段階	他人との意思の疎通に困難があり、日常生活を営むのに、ほぼ常時援助が必要である。
2段階	1段階ほどではないが、他人との意思の疎通に困難があり、日常生活を営むのに頻繁に援助を必要とする。
3段階	他人との意思の疎通や日常生活を営む際に困難がみられる。適宜援助を必要とする。

　表をみてもわかるように、障害の程度は数値などで判断することはできません。子どもの様子を見取りながら、段階を設定することになります。また、学習領域も段階ごとに定められています。次の表は、これを一覧にしたものです。

	第1段階	第2段階	第3段階
A表現	音楽遊び	身体表現・歌唱・器楽・音楽づくり	身体表現・歌唱・器楽・音楽づくり
B鑑賞	音楽遊び	鑑賞	鑑賞

　「音楽遊び」は、第1段階、「身体表現」は、第2段階、第3段階の子どもに位置づけられています。

特別支援学級での授業と評価

　肢体不自由の子ども、情緒障害の子どもなど、知的な発達の遅れがみられない子どもの学習指導は、基本的に小学校学習指導要領の目標や内容に準じて行います。ただし、子どもの障害の程度や特性によっては、各教科等を合

わせた指導を行うこと、教科書以外の教材で授業を行うこと、特別支援学校学習指導要領に基づいて授業をすることが認められています。

　また、特別支援学級の音楽の授業は、歌唱、身体表現、鑑賞など、1単位時間が複数の学習内容で構成されていることも少なくないようです。複数の活動を行う場合は、特に子どもに見通しを持たせることが大切です。カードなどをつくって、活動内容を順番に示すとよいでしょう。活動が終わるごとに、カードを裏返したり、「おわり」を記入したりすると、今、どの活動を行っているのかが、視覚的に確認できます。

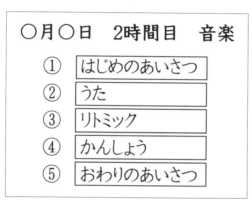

　当然ですが、これら学習内容のすべてについて、一度に評価する必要はありません。個別の指導計画と照らし合わせ、必要に応じて評価をします。

通常学級での授業と評価

　授業のカリキュラムは、小学校または中学校学習指導要領に即した内容となります。その中で、障害のある子どもの程度や特性に応じて配慮や支援をします。日頃から合理的配慮について意識しておくとよいでしょう。合理的配慮とは、障害がある子どももない子どもも、平等に学習することができるような配慮です。視力が弱い子どもの座席を前方にする、ノートをとることが難しい子どもに板書計画を印刷して配布する、などの配慮があります。

　また、障害がある子どもたちにとって、不安が大きいのは合唱や合奏など、みんなで一緒に演奏する活動です。楽曲すべてを演奏するのが難しいときは、「最初のフレーズだけ」「リズムだけ」を演奏させるなどの個別の支援が考え

られます。また、鍵盤ハーモニカの鍵盤にシールを貼るなど、楽器そのものに手を加えることも考えられます。

　また、特別の支援を必要とする子どもの評価においては、ノートやワークシートの記述からの見取りが難しいこともあります。そのようなときには、観察を中心に評価します。授業後に思ったことや考えたことを、聞き取ってもよいでしょう。特別支援学級に在籍する子どもが、通常学級で授業を受けている場合は、特別支援学級の担任に聞き取ってもらうのもよい方法です。いつ、どの場面で評価するのかを、事前に考えておきましょう。

指導要録について

　特別支援学級に在籍する子どもであっても、基本的には小学校・中学校と同じ様式を用いて、同じように評価を記入します。ただし、知的障害など、個別の評価規準を設定している場合は、それに基づいて ABC を記入することになります。また、「総合所見及び指導上参考となる諸事項」欄に子どもの成長の様子などを記入します。評定が記入できない場合は、指導内容や実現状況を文章で記述します。必要があれば、特別支援学校小学部に準じた指導要録を作成してもよいことになっています。

　通常学級に在籍する子どもは、小学校・中学校の指導要録と同じ様式を用います。通級によって指導を受けている子どもについては、「総合所見及び指導上参考となる諸事項」欄に通級による指導を受けている学校名や、授業時数、指導期間、指導の内容や結果などを記入します。また、通級による指導を受けていない子どもでも、特別の支援が必要な場合は、所見欄に記入します。

　特別支援学級・通常学級、いずれの場合も個別の指導計画を添付して、所見欄の記述に代えることもできます。

付　録

通知表・指導要録の文例集

通知表の所見では、学期や学年の終わりに、学習や生活の状況を保護者や子どもに伝えます。子どものよいところや、頑張ったところを書きます。「次の学期も頑張ろう！」と子どもが思えるような所見が書けるといいですね。

歌 唱

・音楽の「(曲名)」の学習では、きれいな歌声で歌うことができました。

・音楽では「(曲名)」の練習をがんばりました。正しい音程やリズムで歌うことができるようになりました。

・音楽の「(曲名)」の学習では、みんなと声をあわせて、楽しく歌うことができました。

・音楽では「(曲名)」をはっきりした声で歌うことができました。○○のようすがよく伝わりました。

・音楽の「(曲名)」の歌のテストでは、堂々とみんなの前で歌うことができました。

・音楽の「(曲名)」の学習では、強弱を工夫して歌うことができました。

器 楽

・音楽では、いろいろなリズムでカスタネットを打つことができるようになりました。

・音楽では、けんばんハーモニカのれんしゅうをがんばりました。正しい音やリズムでひけるようになりました。

・音楽では、トライアングルやタンブリンにきょうみをもち、すすんで学習にとりくみました。

・音楽の合奏では、友だちと息を合わせて演奏を楽しむことができました。

・音楽では、けんばんハーモニカのひき方を友だちに教えるなど、思いやりをもって活動することができました。

・音楽では、カスタネットの音の出し方を工夫して、演奏することができま

した。

音楽づくり

・音楽では友だちと協力して、「(題材名)」の音楽をつくることができました。

・音楽の授業では、○○の様子がよく伝わる音楽をつくることができました。

・音楽の時間に、つくった音楽を、堂々と自信をもって発表することができました。

・音楽のリズムを組み合わせる活動では、新たなアイデアを考え、グループのなかで中心的な役割を果たしました。

・音楽では、けんばんハーモニカでおはなしをつくる活動にいっしょうけんめい取り組みました。

鑑　賞

・音楽の「(曲名)」の鑑賞では、○○の様子をおもいうかべて、きくことができました。

・音楽の「(曲名)」の鑑賞では、マーチのリズムに合わせて身体を動かすなど、意欲的に学習にとりくみました。

・音楽の「(曲名)」の鑑賞では、友だちと協力してリズムのひみつをみつけることができました。

・音楽の「(曲名)」の鑑賞では、曲のおもしろいところをみつけ、友だちに紹介することができました。

・音楽の「(曲名)」の鑑賞では、リズムの違いをききとることができました。

中学年

通知表の所見は、保護者が読みます。誰でもわかる言葉で書くことが大切です。だれでもわかる言葉を使って記入することを心がけましょう。

歌　唱

・音楽の「(曲名)」の学習では、発声に気をつけて、きれいな歌声で歌うことができました。

・音楽の「(曲名)」の学習では、歌詞の意味を考えて、表情豊かに歌うことができました。

・音楽の「(曲名)」の学習では、作曲者の思いを考え、歌い方を工夫することができました。

・音楽の歌のテストでは、みんなの前で堂々と歌うことができました。

・音楽の「(曲名)」の学習では、友だちと協力して歌い方を考えることができました。

・音楽の「(曲名)」の合唱では、友だちの歌声にあわせ、美しい響きで歌うことができました。

器　楽

・音楽では、リコーダーの練習を頑張りました。「(曲名)」では、強弱に気をつけて演奏することができました。

・音楽の時間には、リコーダーの指づかいを友だちに教えるなど、思いやりをもって学習に取り組むことができました。

・音楽では、美しい音色をだすために、リコーダーの演奏の仕方を工夫しました。

・音楽の合奏では、○○の楽器を担当しました。練習にも真剣に取り組み、最後までやりとげることができました。

・音楽の合奏では、難しいリズムにチャレンジし、すばらしい演奏をすることができました。

・音楽のリズムアンサンブルの活動では、グループの中で中心的な役割を果

たすことができました。

・音楽づくりの活動では、友だちの話をよく聞き、みんなの意見をまとめました。

・音楽づくりへの関心が高いです。リコーダーの音楽づくりに、とても意欲的に取り組みました。

・音楽では、楽器の音色の違いに着目し、工夫して音楽づくりをすることができました。

・音楽では、グループで協力し、中心となって「(題材名)の音楽」をつくりました。

・音楽では、身の回りの音を組みあわせ、楽しい音楽をつくることができました。

・音楽の「(曲名)」の鑑賞では、速度の変化のおもしろさに気づくことができました。

・音楽の「(曲名)」の鑑賞では、友だちと意見を交流し、さまざまに考えを深めることができました。

・音楽では、お祭りの音楽に興味をもち、意欲的に学習に取り組みました。

・日本の楽器に興味があります。音楽では、音色の違いに気をつけて鑑賞をすることができました。

・音楽の「(曲名)」の鑑賞では、曲のよさを伝える紹介文を書くことができました。

高学年

　高学年になると、連絡帳などによる保護者とのやりとりは大きく減少します。通知表の所見は、保護者との信頼関係をつくっていくよい機会です。子どものよいところや頑張ったところを見取って伝えましょう。できていないこと、頑張ってほしいことばかりだと、子どもも保護者も教師に嫌われていると感じてしまうことがあるようです。「先生はこんなところまで、見てくれていたんだ。」と思えるような記述ができると、子どもや保護者との信頼も深まります。

歌　唱
・音楽の「(曲名)」の歌唱では、発音に気をつけて響きのある声で歌うことができました。
・音楽の「(曲名)」の合唱では、全体の響きを聴いて表現を工夫することができました。
・音楽の「(曲名)」では、思いを込めて表情豊かに歌うことができました。〇〇さんの工夫がよく伝わりました。
・音楽の合唱では、ハーモニーを感じながら歌うことができました。
・音楽の授業では、友だちと協力して民謡のうたい方を考え、堂々と発表することができました。

器　楽
・音楽の授業では、リコーダーの音色を工夫し、表情豊かに演奏することができました。
・音楽の授業では、友だちと協力して合奏をすることができました。
・音楽の「合奏」では、指揮者をつとめ、学級のみんなをまとめました。
・音楽の授業では、リコーダーの演奏を頑張りました。難しいリズムもまちがえずに演奏することができています。
・音楽の合奏では、〇〇の楽器を担当しました。パートのリーダーとして、中心的な役割を果たしました。

音楽づくり

・音楽の時間には、メロディーのつなぎ方を工夫して音楽をつくりました。

・音楽の時間には、さまざまな楽器の音を組み合わせ、「（題材名）の音楽」をつくりました。○○の様子がよく伝わりました。

・音楽の時間には、グループのリーダーとして、友だちの意見をまとめ、「（題材名）の音楽」をつくることができました。

・友だちと工夫してつくった音楽を、堂々と発表することができました。

・音楽の時間には、自分の思いを表した音楽をつくることができました。

鑑 賞

・音楽の「（曲名）」の鑑賞では、さまざまな楽器の音を聴きわけて、鑑賞をすることができました。

・アジアの楽器に興味をもっています。楽器のよさを、友だちに伝えるなど意欲的に授業に取り組んでいます。

・音楽では、楽曲の構成を理解して鑑賞をすることができます。

・音楽の「（曲名）」の鑑賞では、曲のよさを感じ取って批評文を書くことができました。

おわりに

　本書は、20年ほど前に出版された八木正一編著「音楽指導クリニックシリーズ」（学事出版）を参考に刊行しました。「音楽指導クリニックシリーズ」は、当時、中学校、そして小学校の現場で教員をしていた私のバイブルでした。同シリーズに一貫して掲載されていた、楽しい音楽の授業づくりの事例に、どれだけ助けられたかわかりません。今回、続編を刊行させていただいたことは、私にとってこの上ない喜びです。今回の「ライブ！音楽指導クリニック」でも、楽しく、わかりやすい授業をご紹介することをめざしました。

　近年、子どもが変わったという話を耳にすることが多くあります。確かに、20年前と比べると大きく変化した部分はあります。外で遊んでいた子どもたちは、ネットゲームに多くの時間を費やすようになりました。テレビ番組のかわりに、YouTube などの動画を視聴する子どもの数も増加しました。子どもの習い事も、サッカーやダンス、英会話、そして、最近では、プログラミングまでもがおこなわれるようになりました。しかし、楽しい授業、わかる授業で目をかがやかせる子どもの姿は、今も昔も同じです。子どもたちの本質は、変わっていないのです。

　本書をまとめるにあたり、監修の八木正一さん、多くの助言をくださった田中健次さん、すばらしい実践をご紹介くださった執筆者のみなさん、そして、これまで実践を積み重ねてこられたすべての音楽教師のみなさんに、お礼を申し上げます。

編著者　城　佳世

〈監修者〉

八木正一（やぎ・しょういち） 聖徳大学音楽学部教授

広島大学大学院教育学研究科教科教育学専攻修了（教育学修士）。高知大学助教授、
愛知教育大学助教授、埼玉大学教授などを経て現職。著書『音楽指導クリニック・
シリーズ』『新・音楽指導クリニック・シリーズ』他多数。

〈編著者〉

城　佳世（じょう・かよ） 九州女子大学人間科学部准教授

福岡教育大学大学院教育学研究科（音楽教育）修了。飯塚市立中学校音楽科教諭、
飯塚市立小学校教諭、九州女子大学人間科学部講師を経て現職。福岡教育大学非常
勤講師、九州産業大学非常勤講師、「ミュージックテクノロジー教育セミナー in 九
州」事務局長を務める。著書『音楽室に奇跡が起きる―視聴覚機器＆PC 活用で楽
しさ10倍の授業』（編著、明治図書）、『音楽の授業をつくる音楽科教育法』（分担執筆、
大学図書出版）、『新しい音楽科授業のために教科専門と教科指導法の融合』（分担
執筆、ミネルヴァ書房）、『楽譜の読めない先生のための音楽指導の教科書』（編著、
明治図書）他。

〈分担執筆者〉

瀧川　淳（国立音楽大学音楽学部）第 3 章第 3 節、第 5 章第 1 節
副島和久（佐賀県太良町立多良小学校）第 4 章第 1 節
中原真吾（福岡県教育庁教育振興部）第 4 章第 2 節、第 7 章第 3 節
森　薫（埼玉大学教育学部）第 5 章第 3 節、第 6 章第 1 節

ライブ！ 音楽指導クリニック②
評価が手軽にできる音楽科授業プラン

2021年 6 月16日　初版第 1 刷発行	JASRAC 出 2103812-203
2022年 8 月10日　初版第 3 刷発行	

編著者──城　佳世
監修者──八木正一
発行者──安部英行
発行所──**学事出版株式会社**
　　　　　〒 101-0051　東京都千代田区神田神保町 1-2-5
　　　　　電話 03-3518-9655
　　　　　https://www.gakuji.co.jp

編 集 担 当　株式会社大学図書出版
イ ラ ス ト　海瀬祥子（フリー素材除く）
装　　　丁　精文堂印刷デザイン室　内炭篤詞
印刷・製本　精文堂印刷株式会社